MESSER MAGAZIN WORKSHOP

Richard Maier

Scrimshaw-Gravur

in Theorie und Praxis

WIELAND

Richard Maier

Scrimshaw-Gravur

in Theorie und Praxis

1. Auflage, 2010

ISBN 978-3-938711-38-5

Wieland Verlag GmbH, Rosenheimer Straße 22, D-83043 Bad Aibling
Telefon 08061/38998-0, Fax 08061/38998-20
Internet: www.wieland-verlag.com
E-Mail: info@wieland-verlag.com

Fotos: Richard Maier, Hans J. Wieland, iStockphoto (S.11, 30, 31, 33, 35)
Umschlaggestaltung und Layout: Andreas Schleicher, Caroline Wydeau

Druck: Graspo CZ

Printed in EU

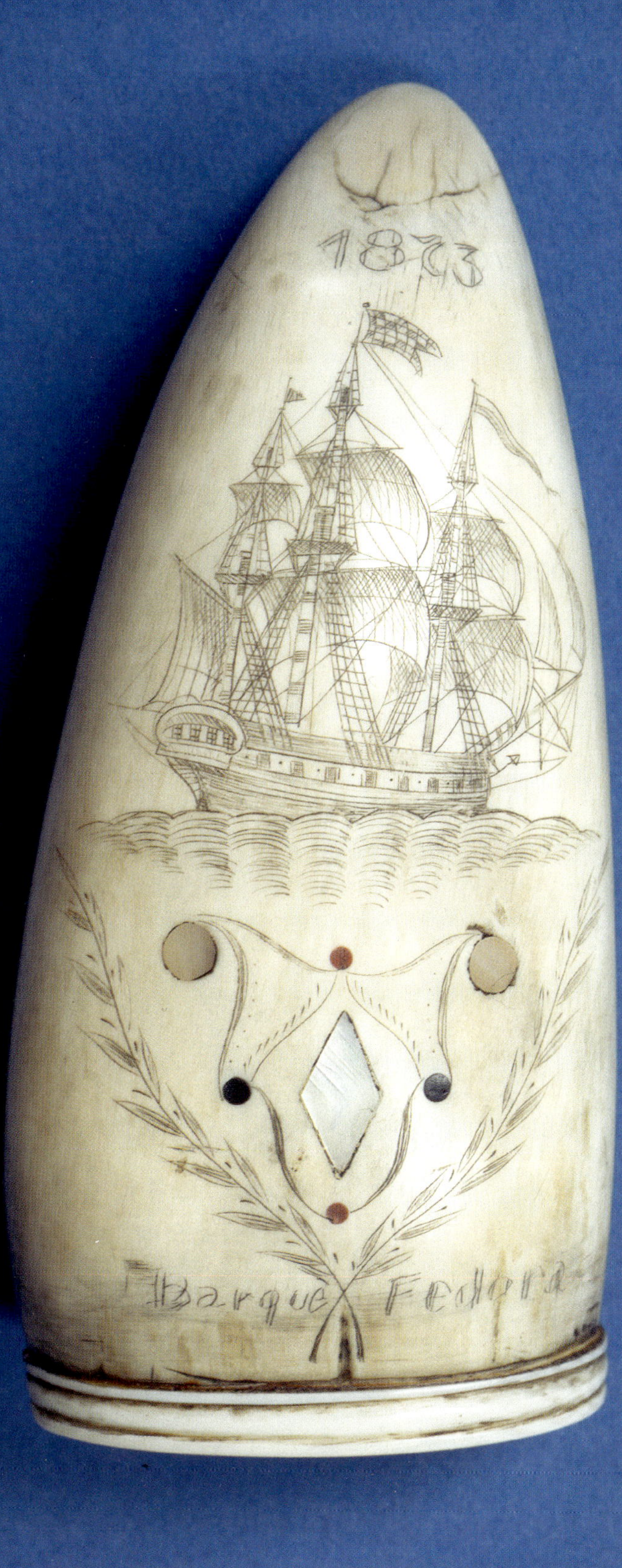
1873
Barque Fedora

INHALT

EIN PAAR SÄTZE VORAB

Die alte Kunst der Eskimos und Walfänger ist wieder zu neuem Leben erweckt worden. Heute ist Scrimshaw eine anerkannte Kunstform, die viele Sammler begeistert und vor allem auch in der Messerwelt Verbreitung gefunden hat. Viele feine Messer, in der Regel handgefertigte Unikate, werden mit Scrimshaw-Arbeiten am Griff veredelt. Doch die Kunst des Scrimshaw ist längst nicht auf Messer begrenzt.

Einer der besten und bekanntesten „Scrimshander“ in Europa ist Richard „Ritchi“ Maier. Der Österreicher hat das Handwerk des Graveurs auf der berühmten Fachschule in Ferlach erlernt und zählt international zu den gefragtesten Waffen-Graveuren. Messerfreunden ist er durch seine langjährige Zusammenarbeit mit dem Messermacher Egon Trompeter bekannt.

Seine Kenntnisse und große Erfahrung in der Scrimshaw-Gravur gibt er in diesem Band weiter. Er erläutert zunächst die Ursprünge und die Geschichte des Scrimshaw, beschäftigt sich dann mit den verschiedenen Materialien und Werkzeugen, bevor er den Leser dann in die Geheimnisse der Arbeitstechnik einführt. Dabei gibt er viele Tipps für Anfänger und geht auf häufige Probleme bei der Umsetzung ein. Mit dieser Anleitung kann jeder Interessierte zur Nadel greifen und selbst Scrimshaw-Gravuren anfertigen.

Die MESSER MAGAZIN Workshop-Reihe stellt eine Vielzahl von Themen rund ums Messermachen dar – so aufbereitet, dass Sie jeden einzelnen Schritt nachvollziehen und auch nachmachen können. Dabei haben wir besonders auf die Praxistauglichkeit Wert gelegt.

Deshalb sind alle Bände der Reihe mit einer Spiralbindung versehen (genauer gesagt mit einer sogenannten Wire-O-Bindung). Auf diese Weise bleibt das Buch aufgeschlagen so liegen, wie Sie es hinlegen. Außerdem haben wir bei der Größe der Bilder und Schriften darauf geachtet, dass Sie noch alles lesen und erkennen können, wenn Sie arbeiten und das Buch neben sich liegen haben.

Wir haben versucht, jeden Arbeitsschritt so verständlich wie möglich darzustellen. Trotzdem sollten Sie, bevor Sie zum Werkzeug greifen, die Beschreibungen in diesem Buch vollständig durchlesen. Dann wissen Sie, was auf Sie zukommt, und erleben nicht mitten in der Arbeit unangenehme Überraschungen.

Ich wünsche Ihnen viel Freude und gutes Gelingen bei der Gravurarbeit!

Hans Joachim Wieland
Chefredakteur MESSER MAGAZIN

HISTORIE

1.1 Ursprünge in der Steinzeit

Begeben wir uns zurück durch die Nebel der Vergangenheit zu den Wurzeln der Menschheit und den Anfängen der Kunst. Das Einritzen von Zeichen und Symbolen in Zähne und Knochen erlegter Tiere war Bestandteil des Lebens unserer Vorfahren. Kunst als Kult war eng verbunden mit Jagdzauber und Ritualen. Zu den ältesten Kunstwerken der Welt überhaupt zählen gravierte Objekte aus Mammutelfenbein. Sie sind stumme Zeugen der Auseinandersetzung des Künstlers mit sich und seiner Umwelt. Die Anfänge der Elfenbeingravur führen weit in die Steinzeit zurück.

Die ältesten uns bekannten Schmuckstücke der Menschheit stammen aus der Zeit der späten Neandertaler und sind zwischen 11500 und 35000 Jahre alt. Zu den seltenen Funden dieser Art gehören ein Fuchszahn mit angefangener Durchbohrung von La Quina in der Charente (Frankreich) sowie ein durchbohrter Schwanzwirbel vom Wolf aus der Bocksteinschmiede im Lonetal in Baden-Württemberg. Diese Funde belegen, dass manche Neandertaler schon Anhänger aus Knochen und Bein als Schmuck getragen haben.

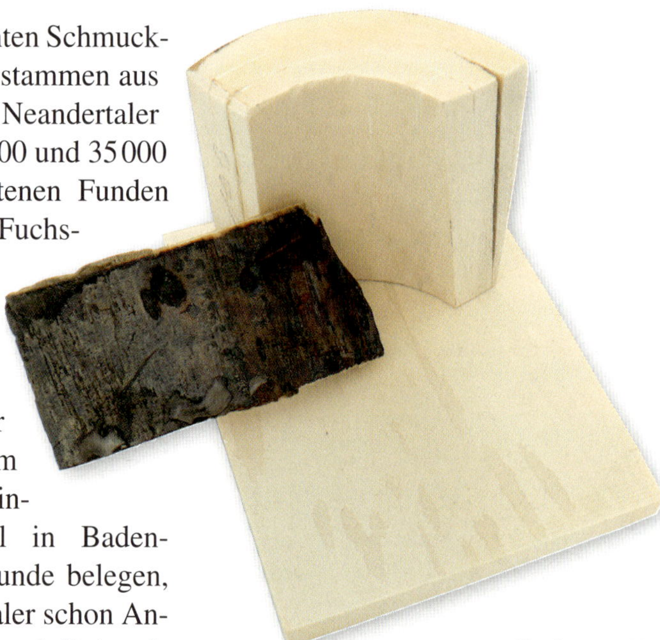

Mammutelfenbein zählt zu den ältesten Materialien, die der Mensch zum Ausdruck seines kreativen Schaffens nutzt. In der modernen Scrimshaw-Kunst ist dieses Rohmaterial ein wichtiger Bestandteil.

Schmuck und Jagd waren immer schon eng mit einander verwoben. Als die ältesten Elfenbeinanhänger

MAMMUT-JAGD IN DER STEINZEIT

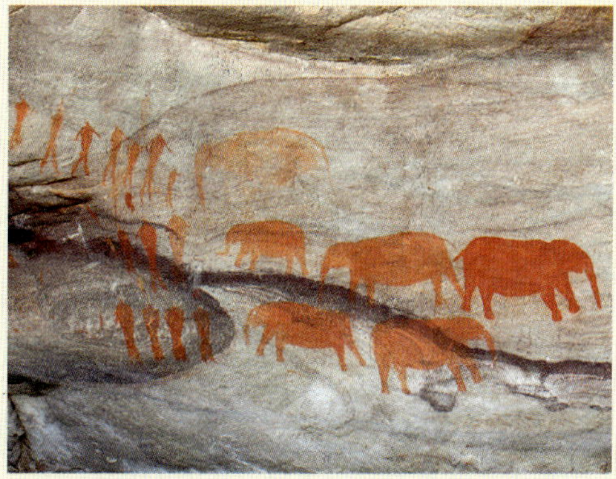

Ein Blick zurück zu den Wurzeln der Menschheit: Kunst ist eng verbunden mit Jagdzauber und Ritualen.

Der Winter ist hereingebrochen, und die Sippe lebt dicht zusammengedrängt in Zelten unter einem hohen Felsschutzdach. Plötzlich ist die Luft von durchdringenden, sirenenartigen Trompetenstößen erfüllt, die das Annähern der Mammutherde ankündigen. Die Jäger werden aus dem Schlaf gerissen. Sie ziehen ihre Pelze über und kommen aus den Zelten hervor, um die Silhouetten der gewaltigen Dickhäuter, die im morgendlichen Nebel auftauchen, genau zu beobachten.

Fünf Meter hoch ist das männliche Leittier mit seinem großen Höcker hinter dem Kopf. Sein kolossartiger Körper hat unter der Haut ungeheure Mengen Fett gespeichert. Das lange, bis zum Boden reichende Fell bietet einen idealen Schutz gegen die Kälte. Zwei kleine Plüschknäuel, die sich eng an die Muttertiere drängen, stimmen mit ihrem Schreien in den Herdenchor ein.

Die Männer lassen die Tiere von ihrem Beobachtungsstand aus keinen Moment aus den Augen. Zunächst sind diese noch mit Fressen beschäftigt: die langen, geschwungenen Stoßzähne dienen zum Freischaufeln der Gräser unter der dünnen Neuschneedecke. Mit dem biegsamen Rüssel, der mit einem fingerförmigen, beweglichen Fortsatz ausgestattet ist, reißen sie am Ufer wachsende Zwergweiden aus, die sie in das große Maul schieben und mit ihren kräftigen Backenzähnen zermalmen. Man kann das Kau-Geräusch schon von weitem hören. Sie sehen wie riesige, nebelverhüllte Wollmassen aus.

Die Herde hat die Wanderung wieder aufgenommen und geht tiefer ins Tal hinein. Die Jäger sind zufrieden, denn sie wissen um die Fallgruben am Ende des kleinen Wäldchens, die gut getarnt unter der Schneedecke liegen ...

gelten kleine knopfartige, ovale Funde mit doppelter Durchlochung aus der Geißenklösterlehöhle bei Blaubeuren und Tierfiguren aus der Vogelherdhöhle (Kreis Heidenheim) in Baden-Württemberg (Deutschland). Zu den schönsten aus Mammutelfenbein geschnitzten Tierfiguren gehört das fünf Zentimeter lange Wildpferd aus der Vogelherdhöhle. Dieser Fund zählt zu den ältesten Kunstwerken der Menschheit überhaupt.

Die reichsten Schmuckfunde aus der Zeit vor mehr als 21000 Jahren glückten bei einem Grabfund in Sungir unweit der russischen Hauptstadt Moskau. Den drei Bestatteten hatte man ungewöhnlich viele Schmuckstücke mit ins Grab gegeben. Der bereits 1964 entdeckte Mann trug 20 Armbänder aus Mammutelfenbein, einen Steinanhänger und mehr als 3000 Perlen, mit denen seine Kleidung geschmückt war. Die beiden erst 1969 gefundenen Kinder trugen Kleidungsstücke, die mit Tausenden von Knochenperlen verziert worden waren. Außerdem besaßen sie knöcherne Schmuckstücke auf der Brust und dünne Armbänder aus Elfenbein und Ringe aus Knochen an den Daumen.

Verzierte Armringe aus Elfenbein sind ebenfalls schon aus der Zeit vor mehr als 21000 Jahren bekannt. Zu erwähnen sind Bruchstücke von mindestens drei Elfenbeinringen aus der Magdalena-Höhle bei Gerolstein in der Eifel, die mit einem fein eingeritzten Sparrenmuster und in einem Fall durch eingebohrte Punktreihen verziert sind.

1.2 Die Kunst der Eskimo

Als der Forscher Knud Rasmussen am Ende seiner fünften Thule-Expedition 1924 im Hafen von Nome (Alaska) eintraf, fand er hier Angehörige unterschiedlicher Eskimogruppen vom Festland und den umgebenden Inseln vor. Rasmussen wollte die Lebensweise der Eskimos und ihre Überlieferungen erforschen. Doch Nome war seit den Goldfunden im Jahre 1900 eine vielbesuchte Stadt, und so kam Rasmussen in seinem Reisebericht über zwei Jahre im Schlitten durch unerforschtes Eskimoland zu folgender Feststellung:

„Die Straßen waren voll von Eskimo, welche umhergingen und Geschäfte machten. Sie stellten Kuriositäten für die Touristen her, allerlei lustige

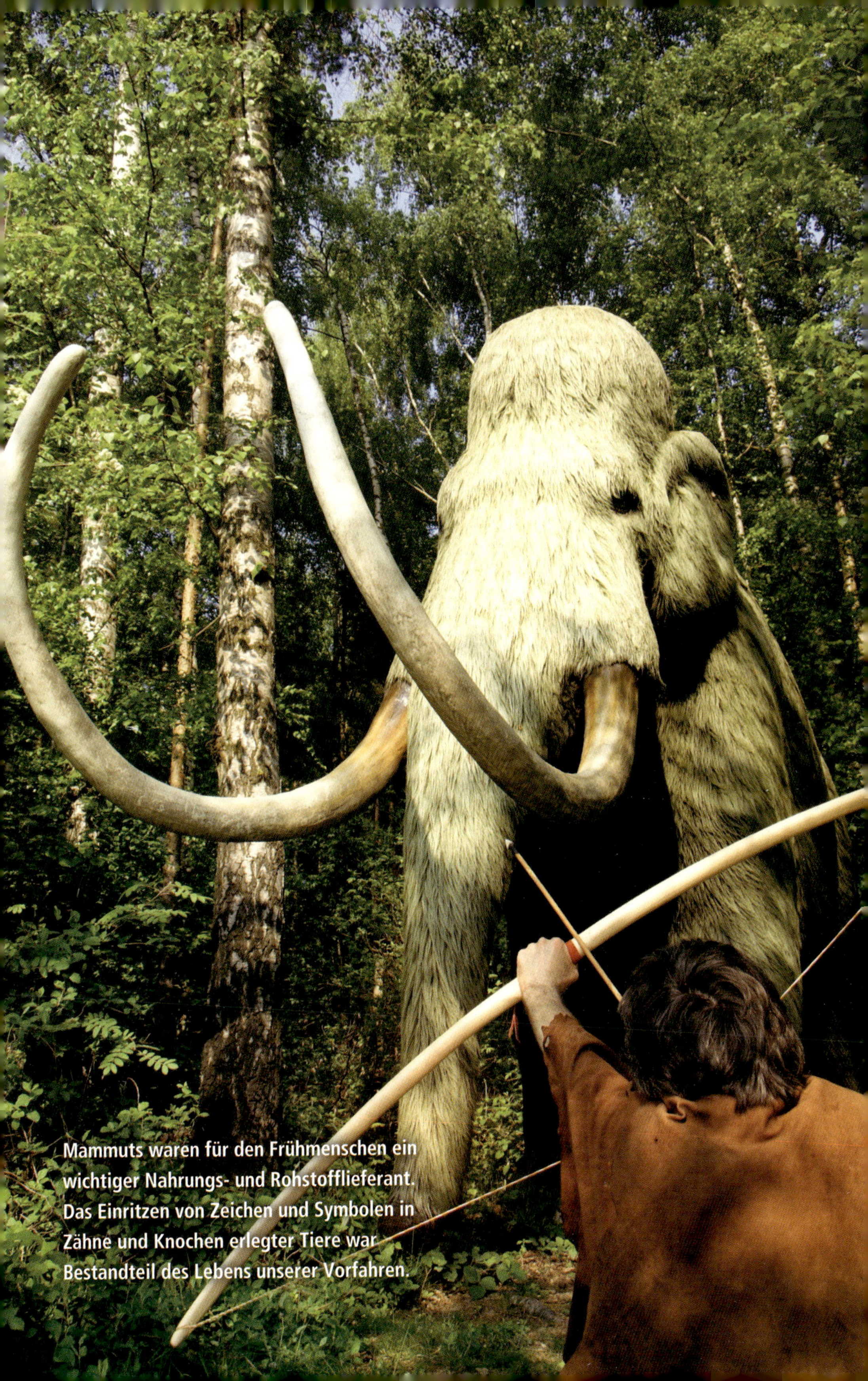

Mammuts waren für den Frühmenschen ein wichtiger Nahrungs- und Rohstofflieferant. Das Einritzen von Zeichen und Symbolen in Zähne und Knochen erlegter Tiere war Bestandteil des Lebens unserer Vorfahren.

Schnitzereien in Walrosszahn; diese Handfertigkeit brachte dem Schnitzer in den Sommermonaten dreihundert bis vierhundert Dollar ein, so dass er mit dem notwendigsten Bedarf einigermaßen versehen wieder in sein Winterdorf zurückreisen konnte."

Diese Worte weisen bereits auf wesentliche Aspekte des bildnerischen Schaffens jenes kleinen Polarvolkes hin. Die Schnitzkunst nahm bei ihnen einen hohen Rang ein. Mit großer Meisterschaft verarbeiten die Eskimos Knochen und Zahnmaterial. Diese Schnitzwerke wurden bereits vor 100 Jahren nicht allein für den eigenen Bedarf, sondern auch für den Verkauf, also als Ware produziert.

Bei den Eskimogruppen spielten die Säugetiere des Meeres – Seehunde, Walrosse und Wale – eine vorherrschende Rolle im jährlichen Wirtschaftsablauf. Sie waren ein außerordentlich spezialisiertes, schöpferisches Jägervolk, dessen enges Verhältnis zur Tierwelt nicht nur in zahlreichen Mythen und Legenden, sondern auch in handwerklichen und künstlerischen Arbeiten auf vielfältige Weise zum Ausdruck kommt.

Die Eskimo bevorzugten als Schnitzmaterial neben Knochen des Rentiers und des Wals vor allem die langen Walrosshauer. Es handelt sich dabei in Alaska um das pazifische Walross. Ein Stoßzahn dieses Tieres kann über fünf Kilogramm schwer und etwa einen Meter lang werden.

Das Material hat eine Reihe von Eigenschaften, die für die Verarbeitung günstig sind. Es lässt sich ritzen und schneiden, aber auch ätzen, beizen und bemalen. In den meisten Fällen wurde der effektvolle, weiche, natürliche Ton des Beinmaterials beibehalten. Die zusätzliche Einfärbung beschränkte sich auf bestimmte plastische Details oder die farbige Hervorhebung des eingeritzten Dekors.

Die Eskimo kannten unterschiedliche Quellen, um Grundstoffe zur farbigen Gestaltung ihrer Schnitzwerke zu erhalten. Weiß wurde aus hellen, lehmigen Erden gewonnen, Gelb und Rot kamen aus ockerhaltigen Erden, Rot auch aus Eisenoxid, Schwarz aus Graphit, Holzkohle oder Schießpulver. Die beiden letztgenannten Materialien vermischte man mit Blut, um eine bessere Haftfähigkeit der Farbe zu erzielen. Grüntöne, die auf den Schnitzwerken re-

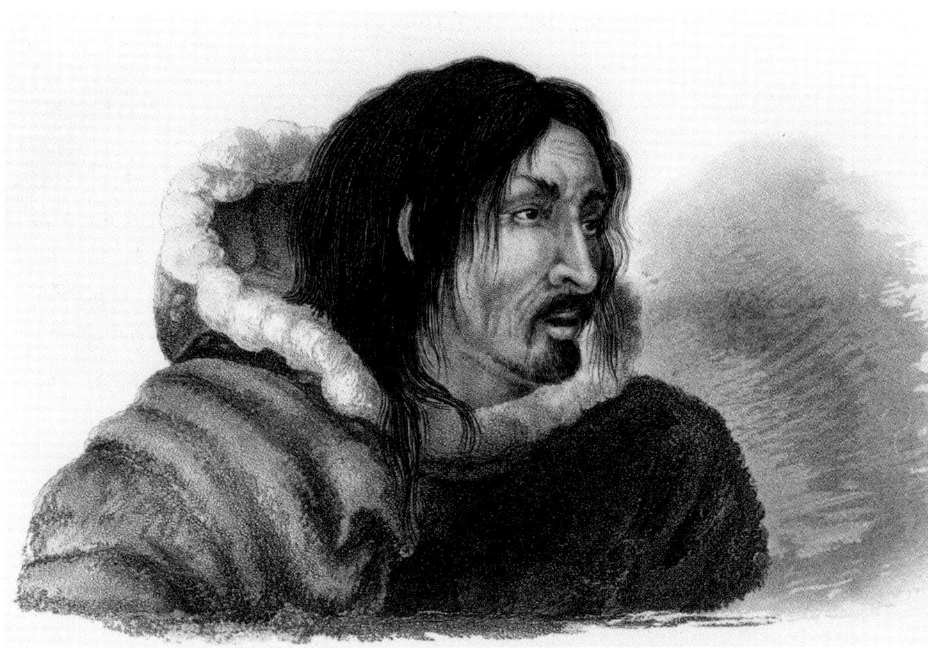

Die Inuits fertigten Waffen und Werkzeuge aus den „Rohstoffen" erlegter Tiere nicht nur aus reiner Zweckmäßigkeit. Dekor und Verzierung waren ein wesentlicher Bestandteil ihrer handwerklichen Tätigkeit.

lativ selten anzutreffen sind, gewann man aus oxidiertem Kupfer. Wie noch in jüngster Zeit beobachtet werden konnte, experimentieren die Eskimo, um Gesamteinfärbungen einer Schnitzerei vorzunehmen, mit Tee, Kaffee, Tinte, Teer und Rohöl. Darin stundenlang gekocht oder auch tagelang eingelegt, wird das beinerne Material einer Art Gerbung unterzogen und nimmt bräunliche Töne an.

Die Bewohner des arktischen Amerika dürften eiserne Werkzeuge gekannt haben, lange bevor sie mit Walfängern, Händlern oder weißen Forschern in Kontakt kamen. Dass sie in der Folgezeit um eine Erweiterung ihrer Ausstattung auf diesem Gebiet ständig bemüht waren, liegt auf der Hand.

Bei der Bearbeitung des Knochenmaterials entwickelten die Eskimo eine hohe künstlerische Handfertigkeit. Dem Betrachter der Schnitzwerke wird auffallen, dass in der Gestaltung deutliche Unterschiede bestehen. Neben plastisch verzierten Arbeiten gibt es andere, bei denen das eingeritzte Dekor überwiegt. In diesen Gestaltungsformen drücken sich zugleich Unterschiede zwischen den zentralen Eskimogruppen in Nordkanada und denen in den Randzonen Alaska und Grönland aus. Die Zentraleskimo versahen ihre Schnitzwerke meist mit einfachen, linearen Ornamenten. Aus dem westlichen Verbreitungsgebiet dagegen, aus Alaska, kennen wir neben den linearen Gravierungen viele figürliche, bildliche Wiedergaben von Tieren, Jagdszenen oder anderen Ereignissen des täglichen Lebens, die in der Regel so angeordnet sind, dass sich eine Bild-Erzählung, wenn nicht gar eine Bilderschrift ergibt.

Das Ritzdekor kann also figürliche oder geometrische Elemente enthalten, wie Punkte, Kreise, Zickzack, Wellen-, Kamm- und andere Linien. Mit der Deutung dieser Motive haben sich viele Autoren befasst, ohne jedoch immer zu überzeugenden Erklärungen zu kommen.

Ein weiterer Schritt bei der Gestaltung beinerner Schnitzwerke war der zur selbstständigen Figur, zur Vollplastik. Er wurde vor allem in Grönland und bei den Labrador-Eskimo vollzogen, deren Tier- und Menschenfiguren zu den eindrucksvollsten Zeugnissen dieser Kunst gehören.

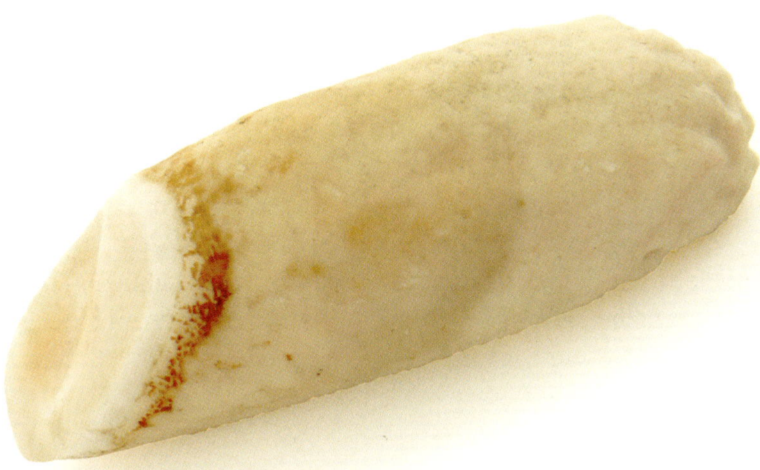

Der Walrosszahn ist ein wichtiges Grundmaterial für Schnitzarbeiten der Inuit. Ein erlegtes Walross lieferte neben den beiden großen Eckzähnen, auch „Hauer" genannt, auch kleinere Backenzähne (Foto).

So vielseitig wie das Leben selbst in seinen gesellschaftlichen Verflechtungen ist, so bekunden auch die Werke der Eskimo-Schnitzer eine überraschende thematische Vielfalt. Dabei kam den Künstlern eine vorzügliche Beobachtungsgabe – eine Grundvoraussetzung jägerischer Existenz – zweifellos sehr zustatten. Es entstand eine Schnitzerei an Arbeitsgeräten, Hausrat oder Kleidungszubehör, die völlig in die ursprüngliche Lebensweise integriert ist.

Darüber hinaus wurden auch Dinge gestaltet, die zum Eskimoleben keine unmittelbare Beziehung haben und daher in den völkerkundlichen Sammlungen der so genannten Touristenkunst zugerechnet werden. Als Ausdruck der Kreativität der Menschen der Arktis verdienen sie dennoch Beachtung.

Auch für Jagd- und Arbeitsgeräte wurde vielfach beinernes Grundmaterial genutzt. Der aus Knochenplatten zusammengesetzte Bogen (eine Konstruktion, die dem aus Treibholz gefertigten, einfachen Bogen an Reichweite und Treffsicherheit überlegen war), die Harpunenspitzen und Angelhaken, die zum Schneiden von Schneeblöcken, aber auch zum Abklopfen der Pelzkleidung verwendeten so genannten Schneemesser, sowie die bei der Vogeljagd geschleuderte Bola zeugen von der Breite der Verwendungsmöglichkeiten des Knochenmaterials. All diese Gegenstände wurden mit Schnitzereien und Gravuren verziert.

Auch bei der Kleidung kam Zubehör aus Knochen zum Einsatz. Um das Ausrutschen auf glattem Eis zu verhindern, banden die Eskimo unter ihre Fellstiefel schmale beinerne Leisten, deren Trittseiten konische Spitzen aufwiesen, die aus dem Material herausgeschnitten wurden. Die Eskimo können auch als die Erfinder der Sonnenbrille bezeichnet werden: Um sich auf den Schneefeldern vor dem reflektierten grellen Licht zu schützen, benutzten sie entweder einfache hölzerne Schneebrillen mit Sehschlitzen oder auch Augenschirme, die von kundiger Schnitzerhand mit aufgesetzten beinernen Dekorteilen prächtig verziert wurden.

Ein besonderer Reiz geht von jenen Schnitzwerken aus, die Beziehungen zur überaus differenzierten eskimoischen Vorstellungswelt aufweisen, zu ihren Mythen und Legenden, in denen sich oft die Erfahrungen des Lebens und die Weisheit des Volkes manifestieren. Nicht immer ist es möglich, zu jeder ein-

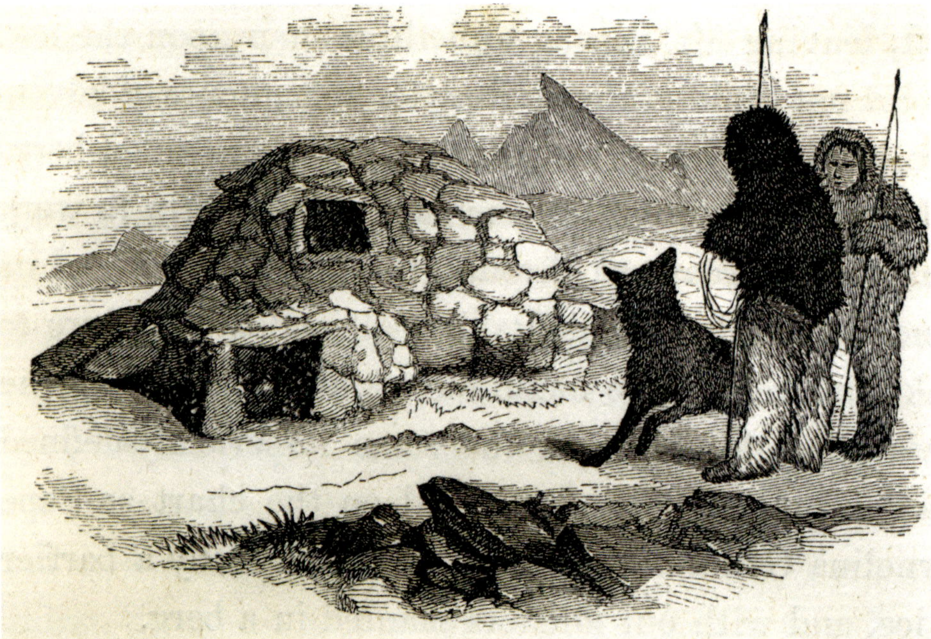

zelnen Darstellung die mythischen Details in Erfahrung zu bringen. Zuweilen verbergen sich hinter Tieren, die Menschenantlitz zeigen und geheimnisumwittert scheinen, schlichte Spielfiguren, zu Unterhaltungszwecken genutzt. Andere hatten dagegen durchaus magische Bedeutung und wurden von den Schamanen bei ihren Auftritten verwendet, hingen in Zeremonienhäusern oder wurden den Booten als magischer Schutz beigegeben.

Ein eindrucksvolles Stück mit einem derartigen geistigen Hintergrund ist ein kleiner liegender Seehund, dessen leicht erhobener Kopf mit der bereits recht menschenähnlich wiedergegebenen Stirn- und Augenpartie sich auf Menschenarme stützt und mit dieser Haltung die Verbindung von Mensch und Tier unterstreicht. Derartige Mensch-Tier-Kombinationen sind in der Vorstellungswelt der Eskimo nicht selten anzutreffen, zum Beispiel auch als Mensch-Wurm, und sie wurden ebenso bildlich dargestellt wie Kombinationen zwischen verschiedenen Tieren, etwa Eisbär mit Wal. Mit diesen zusammengesetzten Wesen waren Vorstellungen verbunden, die mit dem Erzählgut der Eskimo weitergetragen und schließlich von Forschern aufgezeichnet wurden.

Unter den ursprünglichen Gerätschaften der Eskimo findet sich ein Zirkel ebensowenig wie eine Gabel. Der Kamm dagegen war ihnen bekannt, jedoch nicht in erster Linie als Hilfsmittel zur Körperpflege, sondern zum Beispiel um Büschel von Gras auszukämmen, die als wärmende Einlage in den Winterstiefeln benötigt wurden. Häkelnadeln, Behälter für Zahnstocher, Serviettenringe und Steck-Kalender zur Markierung des siebentägigen Wochenrhythmus gehörten gleichfalls nicht zum eskimoischen Kulturgut.

All diese Dinge fanden erst Verbreitung, nachdem Kontakte mit weißen Händlern oder Seeleuten, vor allem mit Missionaren, stattfanden. Die entsprechende Nachfrage führte schließlich zur Entstehung eines Souvenirmarkts. Zu den schönsten Stücken der frühen Souvenirproduktion zählen Tabakpfeifen, die um die Wende vom 19. zum 20. Jahrhundert entstanden, mit Ritzdekor und teilweise fast barock anmutendem plastischem Schmuck. Das von den Eskimo selbst benutzte Rauchgerät, von Asien her zu ihnen gelangt, war ein gekrümmtes hölzernes Rohr mit trichterförmigem Kopf.

So bietet uns die Beinschnitzerei der Eskimo ein handwerklich-künstlerisches Abbild des Lebens der Polarmenschen, wie es bis zum Zweiten Weltkrieg mit keinem anderen Material geschaffen worden ist.

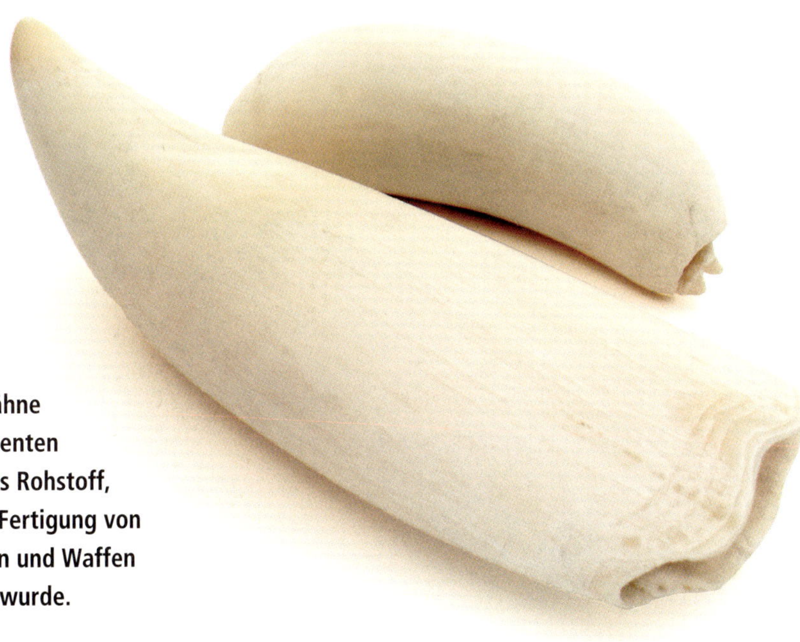

Auch die Zähne des Wals dienten den Inuit als Rohstoff, der für die Fertigung von Werkzeugen und Waffen verwendet wurde.

Nicht nur der Wal, sondern auch der Mensch verlor beim Walfang oft sein Leben. Dramen auf hoher See wurden bevorzugte Themen von Scrimshaw-Gravuren.

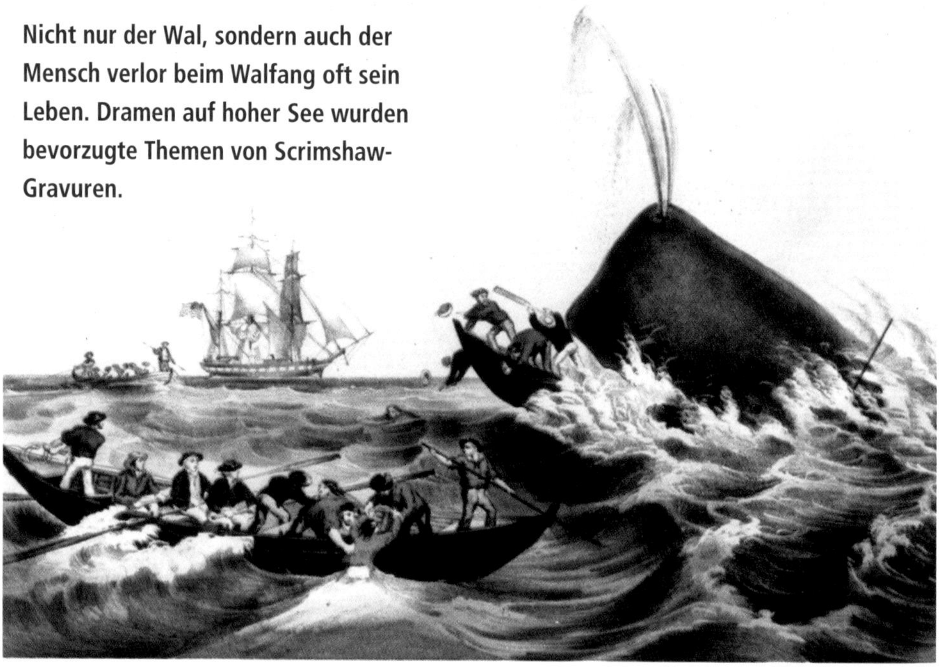

1.3 Scrimshaw bei den Walfängern

Walfangschiffe und ihre Besatzungen waren oft jahrelang auf hoher See. Die Fanggründe, viele tausend Seemeilen von den Heimathäfen entfernt, erreichte man erst nach langen, strapaziösen Fahrten. Zeit war an Bord im Überfluss vorhanden. Die reine Jagd nahm ja nur einen Bruchteil der Zeit ein. Der weitaus größte Teil des Tages bestand aus Warten.

So mancher holte ein Stück Walknochen oder einen Potwahlzahn hervor und begann damit, ihn zu bearbeiten. Man schnitzte und gravierte Szenen, Ornamente oder auch nur ein kleines Gedicht für die Liebste zu Hause in das Material, inspiriert vom Wind und dem monotonen Knarren der Taue. So entstanden die ersten Scrimshaws, um die sich auch heute noch viele alte Seefahrerlegenden ranken.

Woher der Name Scrimshaw kommt, ist ungewiss. Der Begriff scheint verwandt mit dem Französischen Wort „Escrime“ (das Fechten) zu sein.

DAS „ELFENBEIN DER MEERE"

Der Wal galt vor allem im 19. Jahrhundert als wahrer Rohstoffgigant. Neben dem Speck, den Ölen, Fetten und dem kostbaren Ambra bot er auch jede Menge Knochen, das so genannte Walbein. Man brauchte das Walöl, um die Maschinen zu schmieren – Maschinen, die das angehende Jahrhundert der Industrialisierung in Schwung brachten. Die großen Städte Europas wurden von Lampen beleuchtet, die mit Waltran gespeist wurden. Ambra galt als wichtiger Rohstoff für Parfüm. Die Damen des 19. Jahrhunderts trugen auch Korsetts aus Walbein.
Am begehrtesten waren die mächtigen Zähne der Potwale. Sie wurden mit Äxten aus den Kiefern der erlegten Tiere gebrochen. Die ranghöchsten Offiziere an Bord verteilten diese dann mehr oder weniger gerecht an die Besatzung, die die Stücke dann kunstvoll verzierte. Jeder Seemann konnte sich so durch den Verkauf seiner Scrimshaws in den Häfen die meist karge Heuer aufbessern. Richtig reich wurden dadurch nur die Händler, die das „Elfenbein der Meere" in aller Herren Länder verkauften.

Die Arbeit des Scrimshaw-Künstlers begann damit, die wellige Oberfläche der Walzähne zu glätten. Das geschah mit Raspeln und Feilen des Schiffszimmermannes. Zum Feinschliff verwendete man getrocknete Rochenhaut. Poliert wurde mit einer Paste aus Öl und Asche. So erhielt die Zahnoberfläche einen schönen seidenmatten Glanz.

Nun konnten die Stücke mit Segelnadel und Seemannsmesser bearbeitet werden. Linie um Linie, Stich für Stich gravierte und kratzte der Seemann in die Oberfläche. So entstand allmählich ein ganzes Bild. Nun musste man die Gravuren oder Schnitzereien sichtbar machen. Das wurde erreicht, in dem man den ganzen Zahn mit einer Paste aus Lampenruß und Öl einrieb. Die Farbe setzte sich in den Vertiefungen der Gravur fest. So entstand ein kontrastreiches Bild.

Die Motive der Scrimshaws waren vielfältig. Besonders beliebt und in allen erdenklichen Varianten dargestellt waren Abbildungen von Walen. Der „Leviatan" in all seiner schauderhaften Größe und Erscheinung, den es zu

DIE GESCHICHTE DER „ESSEX OF NANTUCKET"

Anfang des 19. Jahrhunderts ereignete sich ein Seedrama, das oft in Scrimshaw-Arbeiten dargestellt wurde.

Nantucket/Neuengland: Der dreimastige Walfänger „Essex" sticht am 12. August im Jahre des Herrn 1819 in See, um in einer voraussichtlich zweieinhalb Jahre dauernden Fahrt im Stillen Ozean Wale zu jagen. Die Essex wird von Kapitän George Pollard junior kommandiert. Es soll die letzte Fahrt der Essex werden, denn am 20. November 1820 wird sie mehr als tausend Meilen in westlicher Richtung von den Galapagosinseln entfernt von einem riesigen Pottwal derart gerammt, dass ein großes Leck im Schiff entsteht und es in der Folge sinkt.

„Sein Anblick war fürchterlich und deutete auf Wut und Groll hin. Im zweiten Angriff zerschlug der Wal den Bug. Sein Vorderteil ist so hart wie Eisen. Ja, ich kann ihn mit nichts anderem vergleichen als mit dem Inneren eines Pferdehufes, auf den die Harpune oder Lanze nicht den geringsten Eindruck machen würde. Zwei Tage lang konnte Captain Pollard das Schiff noch halten, dann gab er das Wrack auf und machte sich mit zwanzig Mann in drei Booten auf, um die Marquesa-Inseln zu erreichen, die gut eintausend Seemeilen nordöstlich lagen..."

So protokolliert der erste Offizier des Walfangschiffs, Owen Case, die Ereignisse im Schiffslogbuch. Die Besatzung rettet sich in drei für die Jagd auf Wale verwendete kleine Boote und hat nun eine mehr als 5000 Kilometer lange und rund drei Monate dauernde Odyssee vor sich. Owen Chase führt eines der Walboote. Sie beginnen die lange Fahrt in der Hoffnung, die rettende Westküste Südamerikas zu erreichen. Das größte Problem ist der stark begrenzte Proviant. Die Männer müssen mit einem Viertelliter Wasser und einem Pfund Schiffszwieback pro Tag auskommen, der später sogar auf eine Ration von 40 Gramm gekürzt wird.

Owen Chase schildert, wie die Männer durch Salzwasser verdorbenen Schiffszwieback essen müssen, ihren Durst durch das Trinken von Schildkrötenblut und eigenem Urin zu lindern versuchen und wie sie in ihrer Verzweiflung Fliegende Fische und an ihrem Boot klebende Muscheln roh verschlingen. Schließlich entscheidet man sich, einen gestorbenen Kameraden aus Gründen des eigenen Überlebens zu verzehren. Aus dem selben Grund wird in einem anderen, von Kapitän Pollard geführten Walboot sogar ein Mann erschossen.

Unmittelbar vor der völligen Resignation werden die Überlebenden aus den Walbooten von Owen Chase und George Pollard am 18. und 23. Februar 1821 doch noch von den Schiffen „Brigg Indian" und „Dauphin" vor der Küste Chiles entdeckt und an Bord genommen. Drei Besatzungsmitglieder, die freiwillig auf einer Insel zurückgeblieben sind, können später ebenfalls noch gerettet werden. Insgesamt überleben nur acht Mann die Katastrophe.

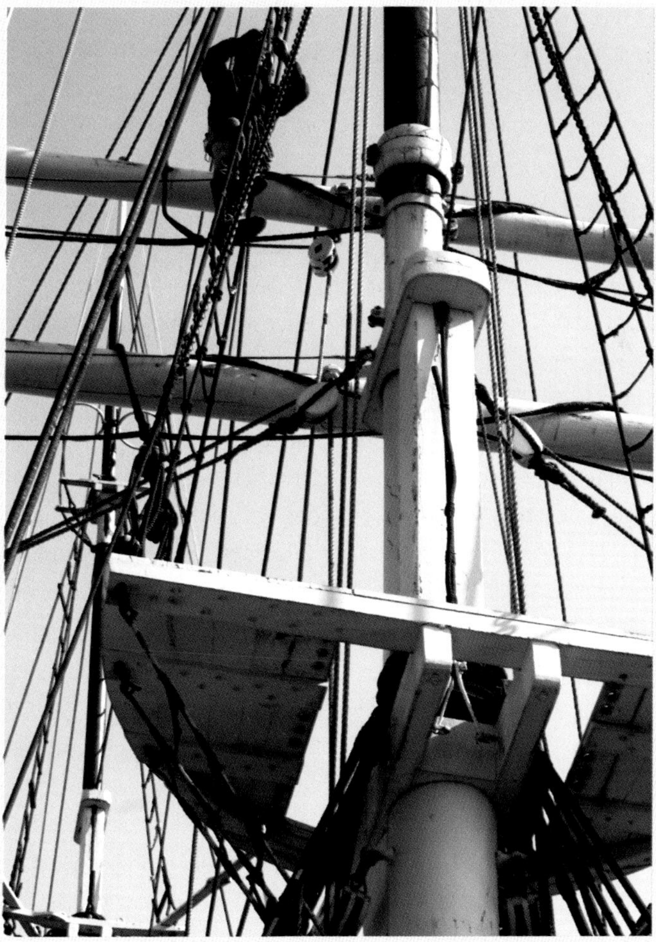

Das Leben der Walfänger war rau und hart. Die Gefahr war ein ständiger Begleiter auf hoher See.

harpunieren galt. Gerne verewigte man auch das eigene Schiff, den Kapitän oder eine Begebenheit an Bord. Nicht vergessen darf man die kunstvoll hergestellten Dosen, Spazierstöcke und allerlei andere Gebrauchsgegenstände, die in mühevoller Kleinstarbeit geschaffen wurden. Auch sie werden unter dem Begriff „Scrimshaw" zusammengefasst. In den großen Walfang- und Schifffahrtmuseen der Welt finden sich viele Exponate, die den harten Alltag eines Walfänger dokumentieren (lohnend ist zum Beispiel ein Besuch im Deutschen Schifffahrtmuseum in Bremerhafen).

Oft versuchten die Seeleute ihrer harten Realität in Gedanken zu entfliehen. Fern der Heimat wurde zum Beispiel das Bild der Liebsten graviert, die am Ausguck des heimatlichen Hauses zum Meer blickend wartete.

Der Walfang war ein bedeutender Wirtschaftszweig. Große Flotten durchsegelten auf den Reiserouten der Wale die Weltmeere. Kleine Provinzstädte wie New Bedford, Nantucket und New Bellingham wuchsen zu großen Hafenstädten heran, Umschlagplätze für das „Produkt" Wal. Sie wurden groß, reich – und berüchtigt. Die Schiffsbesatzungen kamen aus aller Welt: Abenteurer, Indianer, Sklaven, Arbeitslose, „gelernte" Seeleute– jeder wurde angeheuert für den harten, gefährlichen Job des Walfangs. Unter diesen rauen Kerlen waren immer wieder auch echte Künstler.

1.4 Scrimshaw heute

Ihre Wiederauferstehung verdankt die alte Seemannskunst zu einem großen Teil dem ehemaligen US-Präsidenten John F. Kennedy. Bei seinen Fernsehinterviews in den frühen 1960er Jahren waren immer einige seiner alten Sammlerstücke im Bild zu sehen. Sie lagen als Dekoration auf Kennedys Schreibtisch. Der Präsident galt als einer der größten Sammler von maritimer Kunst und Scrimshaws in den USA.

Diese Fernsehauftritte lösten einen wahren Run auf die Scrimshaw-Kunst aus. Innerhalb kürzester Zeit waren sämtliche Kunstwerke aufgekauft, der Markt leer. Internationale Auktionshäuser erzielten Höchstpreise für alte Originale.

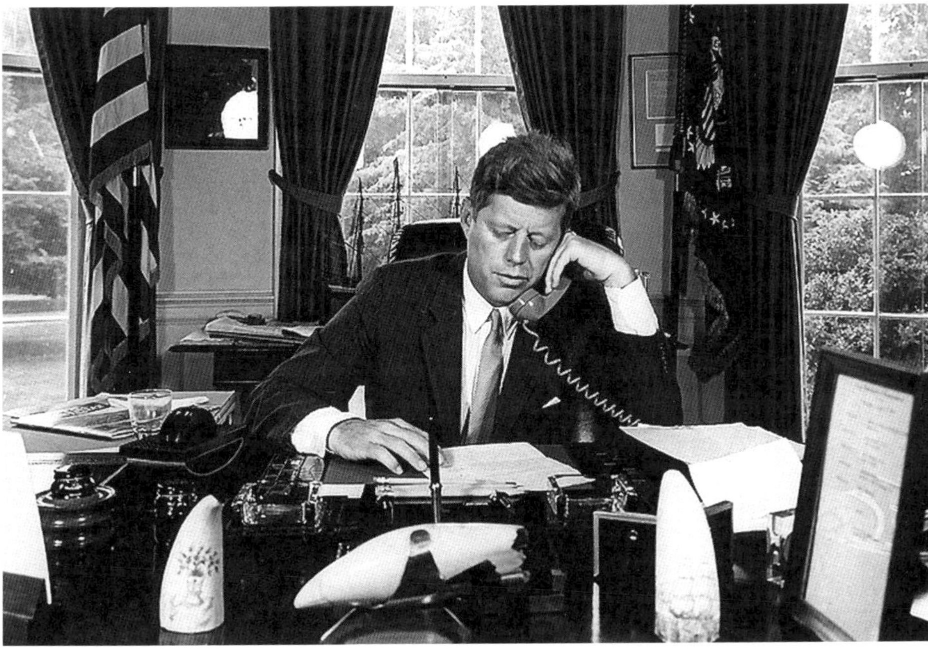

Foto: jfklibrary.org

John F. Kennedy galt als einer der prominentesten und größten Sammler von maritimer Kunst. Teile seiner Scrimshaw-Sammlung befanden sich ständig auf seinem Schreibtisch im „Oval Office".

Der Scrimshaw-Boom führte auch dazu, dass sich Künstler und Graveure mit dem Thema beschäftigten und neue Arbeiten entstanden. Auch in Europa wurde die Kunst des Scrimshaw heimisch. Angeregt durch das wiedererwachte Interesse in den USA, spezialisierten sich einige europäische Künstler auf den alten Gravurstil und entwickelten ihn weiter.

Für Scrimshaws werden heute allerdings keine Zähne oder Knochen vom Wal mehr verwendet. Der Artenschutz lässt dies, aus verständlichen Gründen, nicht mehr zu. Neue Materialien sind fossiler Mammutzahn, von dem in Alaska und Sibirien große Vorkommen gefunden wurden. Auch Horn und Knochen ungefährdeter Tiere sowie verschiedene Kunststoffe dienen als Grundlage. Dazu mehr im nächsten Kapitel.

Die moderne Scrimshaw-Gravur geht schon seit vielen Jahren neue Wege. Motive und auch Anwendungsgebiete haben sich weiterentwickelt und verändert. Die Jagdkunst und Themensammler haben diese Kunst für sich entdeckt. So ist es nicht verwunderlich, dass man Scrimshaw-Gravuren heute auf Griffen und Schafteinlagen edler Sammlerwaffen findet. Die Motive sind meist Tiere oder Wildlife-Szenen, aber man sieht auch Akte und andere Themen. Wer zum Beispiel Elefanten, Eulen oder Bären sammelt, wird auch bei modernen Scrimshaw-Gravuren fündig.

Sehr verbreitet sind Scrimshaw-Gravuren auf Messer- und Pistolengriffen. Sehr exklusiv sind gravierte Vorderschaftabschlüsse, Pistolengriffläppchen oder Schafteinlagen von Luxusjagdwaffen. Dazu kommen Bolo Ties, Broschen und Armreifen mit jagdlichen Motiven. Eine besondere Variante sind gravierte Display-Art-Objekte, bei denen das gravierte Material als Objekt in entsprechender Präsentation zur Geltung kommt. Letztendlich sind der Fantasie des Scrimshaw-Künstlers keine Grenzen gesetzt. „Open Limits“, das ist die Devise, vor allem für fortgeschrittene Scrimshaw-Graveure.

FAKESHAW - ECHT ODER NICHT?

Wo mit Originalen viel Geld verdient wird, sind Fälschungen meist nicht weit. Aus Fernost und England kommen perfekte Abgüsse von originalen Walzähnen, was viele Sammler anfangs sehr verunsicherte. Unerfahrene Käufer müssen manchmal feststellen, dass sie viel Geld für ein Plagiat ausgegeben haben. Kunststoffzähne, die im allgemeinen als „Fakeshaw" bezeichnet werden, sind nicht wie echte Scrimshaws von Hand graviert, sondern werden gegossen. Ihre Herstellung ist dem späten 20. Jahrhundert zuzuordnen. Ein erster Hinweis auf ein Fakeshaw ist die oft sehr auffällige, dunkelbraune Patina an der Zahnunterseite – was aber nicht zwangsläufig bedeutet, dass jeder bräunlich verfärbte Zahn ein „Fake" sein muss.
Manchmal sind auch ein schlecht entfernter Gussgrat oder bräunlich überfärbte Fräs- und Schleifspuren zu sehen. Die Zahnoberfläche weist keinerlei natürliche Maserung auf, die bei echtem Material vorhanden ist. Unebenheiten und Risse in der Kunststoffoberfläche sind oft übertrieben braun eingefärbt. Diese „Patina" geht nicht tiefer in die Oberfläche hinein, wie zum Beispiel bei einem alten Walzahn mit natürlicher Färbung. Sie lässt sich mit einer scharfen Klinge auch leicht von der Oberfläche entfernen.
Späne und Schleifstaub eines unechten Zahns riechen beim Erhitzen und Verbrennen in einer Flamme stark nach Kunststoff. Späne und Schleifstaub eines echten Zahns riechen dagegen beim Verbrennen eher wie verbrannte Haare oder Hornmaterial.

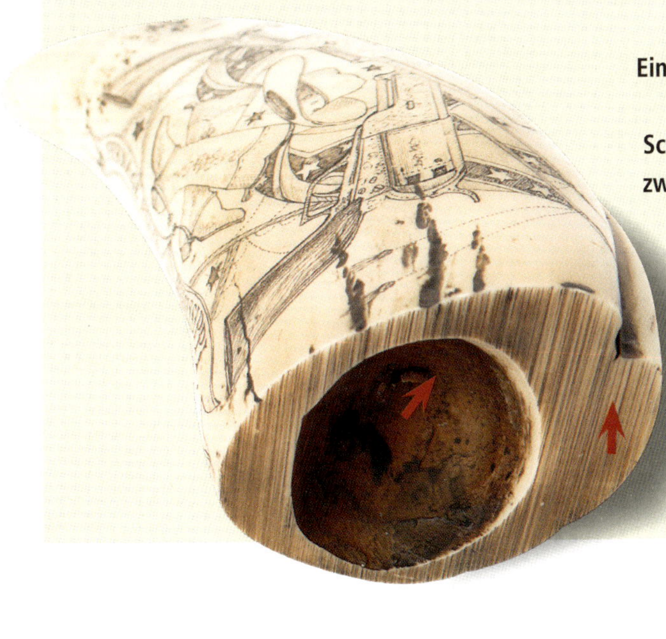

Ein Angussgrat (Pfeil links) und stark bräunlich eingefärbte Schleifriefen (Pfeil rechts) sind zwei der markanten Merkmale eines „Fakeshaws".

TRÄGERMATERIALIEN

2.1 Fossiles Mammutelfenbein

Obwohl schon immer große Mengen der eiszeitlichen Stoßzähne im nördlichen Russland und Jakutien gefunden wurden, war das Elfenbein des Elefanten aufgrund seiner Beschaffenheit und des günstigeren Preises früher begehrter. Erst mit Inkrafttreten des Washingtoner Artenschutzabkommens zum Schutz des Elefanten im Oktober 1989 erhielt das Mammut plötzlich einen neuen Stellenwert. Mammut-Elfenbein unterliegt nicht dem Artenschutzabkommen und darf frei gehandelt werden.

Die Mammut-Stoßzähne erreichen ein Gewicht von bis zu 150 Kilogramm und eine Länge von bis zu vier Metern. Die Bearbeitung dieses faszinierenden Materials ist eine ständige Herausforderung und überrascht bei der Oberflächenbehandlung immer wieder mit wunderschönen Naturfärbungen und Strukturen. Diese machen jedes Stück zum unverwechselbaren Unikat.

Eng verwandt mit dem Mammutelfenbein sind die Zähne des Mastodons. Das Mastodon bildete vor etwa 30 Millionen Jahren eine eigene Gattung weit vor den Mammuts, starb aber ebenso mit Ende der letzten Eiszeit aus. Von Mastodonelfenbein gibt es nur wenige Funde, und diese werden in der Regel auch nicht verarbeitet.

Mammut-Elfenbein findet man hauptsächlich an der sibirischen Polarmeerküste und an den Uferhängen der großen Ströme. Auch aus dem Landesinneren von Jakutien und Sibirien werden ständig neue Funde gemeldet. Russische Wissenschaftler vermuten allein an der arktischen Küste ein Vorkommen von 700000 Tonnen. Eine Ausfuhr des Rohmaterials aus Russland ist nur nach wissenschaftlicher Auswertung und mit entsprechender Lizenz möglich.

Die bis zu 1000 Meter tief gefrorene Erde hat die Zähne vor dem größten Verfall bewahrt. Trotzdem hinterließen die letzten 10000 bis 60000 Jahre ihre Spuren, so dass man das Material in fünf verschiedene Qualitäten einteilt. Die beiden besten Sorten, kompakt und ohne Risse, machen zusammen nur einen Anteil von etwa zehn Prozent aus. Diese Qualität eignet sich besonders zur Anfertigung von größeren Stücken, wie zum Beispiel Figuren. Die anderen Qualitäten verwendet man zur Fertigung von Schmuckstücken, wobei natürliche Verfärbungen durch mineralische Ablagerungen den besonderen Reiz ausmachen. In Kanada und Alaska stößt man hauptsächlich beim Goldschürfen auf neue Funde. Die seltenen Funde in Deutschland eignen sich wegen des schlechten Erhaltungszustands nicht zur Verarbeitung.

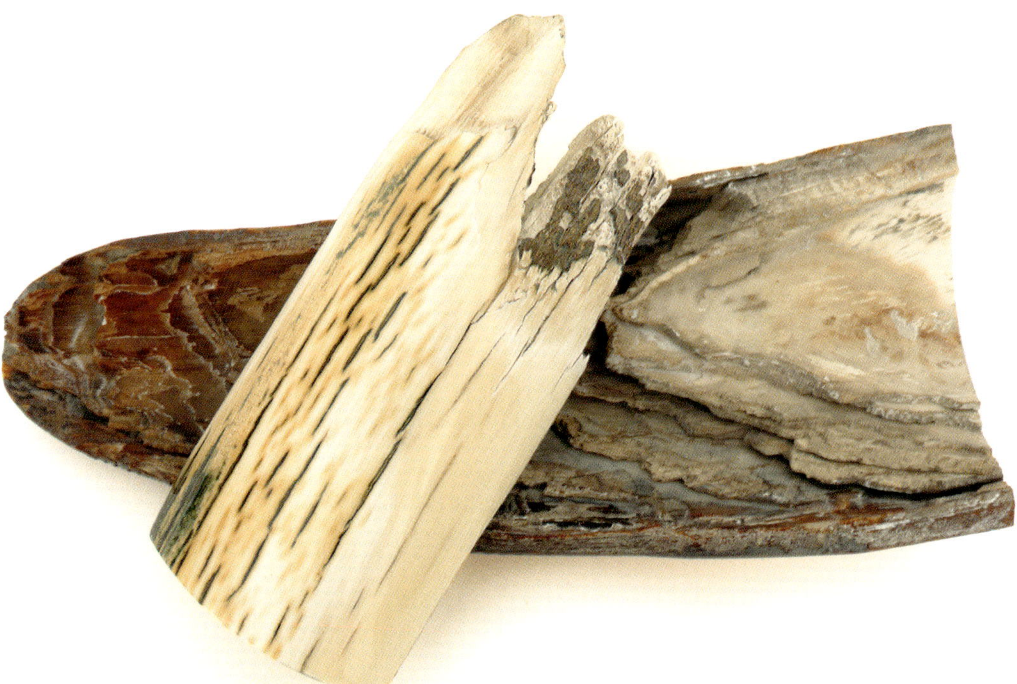

Die unendliche Vielfalt von Maserungen und Farbschattierungen macht das Mammutelfenbein neben seiner hervorragenden Verarbeitungseigenschaft zum wichtigsten Trägermaterial für die moderne Scrimshaw-Gravur.

Mammutelfenbein ist etwa 20 bis 25 Prozent schwerer als Elefantenelfenbein. Durch die lange Lagerung im Eis ist es spröde geworden und daher schwieriger zu verarbeiten. Die Zähne selbst sind komplett massiv und weisen im Gegensatz zum Elefantenelfenbein keine Hohlräume auf.

2.2 Elefanten-Elfenbein

Elfenbein vom Elefanten darf heute nur noch mit entsprechender Genehmigung verarbeitet werden. Es handelt sich dabei um Altbestände, die vor Inkrafttreten des Artenschutzabkommens nach Deutschland eingeführt wurden. Da in Deutschland bereits seit Mitte der 1970er Jahre ein Legalitätsnachweis erbracht werden musste, ist die Ausnahmegenehmigung nur für nachweislich legale Importe möglich. Eine entsprechende Buchführungspflicht für Elfenbein (Aufnahme- und Auslieferungsbuch nach § 8 Bundesartenschutzverordnung), die sowohl die Entnahme (Zuschnitt) als auch die gefertigten Stücke sowie die daraus entstandenen Abfälle oder Staub erfasst, dokumentiert lückenlos die Herkunft und Verarbeitung des Materials. Massenprodukte aus Elfenbein werden heute nicht mehr hergestellt. Stattdessen werden die vorhandenen Vorräte für Einzelanfertigungen sowie Restaurationen und den Erhalt antiker Stücke verwendet.

2.3 Flusspferd-Elfenbein

Die bis zu 70 Zentimeter langen, gebogenen Eck- und Schneidezähne des Flusspferds bestehen aus dem härtesten Elfenbein, das man kennt. Die Basis kann einen Durchmesser von bis zu neun Zentimetern erreichen. Der Zahnquerschnitt zeigt eine dichte, feine, konzentrische weiße Maserung. Charakteristisch ist die erkennbare Auffüllung des inneren Dentins mit seiner gerippten, welligen Struktur, die auch an manchen bearbeiteten Kunstgegenständen noch erkennbar ist und eine eindeutige Zuordnung dieses Materials erlaubt. Elfenbein vom Flusspferd gelangt vor allem in Form von Jagdtrophäen aus den tropischen Ländern Afrikas in den Handel. Notwendig sind gültige Aus- und Einfuhrpapiere.

UNTERSCHEIDUNG DER ELFENBEINARTEN

Als Elfenbein bezeichnet man in der Regel die Stoßzähne der Rüsseltiere wie Elefant, Mammut und Mastodon, die sich durch ihre Struktur von Elfenbein-Ersatzstoffen wie Flusspferd-, Walross-, Narwal- oder Pottwalzahn sowie Knochen oder der Taguanuss eindeutig unterscheiden.
Die typische netzartige Maserung weist nur das Elfenbein der Rüsseltiere auf. Es unterscheidet sich durch die Anordnung der sich kreuzenden Linien. Diese Struktur, auch Schregerlinien genannt, zeigt verschiedene Schnittwinkel, die der Kenner mit bloßem Auge erkennen kann.

Folgende Daten gelten als Richtwerte:

Elfenbein:	100-120 Grad
Mammut:	80-90 Grad
Mastodon:	40-50 Grad

Weitere Unterschiede bestehen beim spezifischen Gewicht, sowie gelegentlich bei der Farbe des Materials.

Elfenbein:	1,70-1,85 g/cm^3
Mammut:	2,00-2,20 g/cm^3

Bei detailliert beschnitzten Stücken ist die Struktur häufig nicht einwandfrei zu erkennen. Hier bieten sich spezielle Untersuchungsmethoden der Johannes-Gutenberg-Universität in Mainz an, die inzwischen als offizielles Referenzlabor des Bundesamts für Naturschutz anerkannt wurde.
Moderne spektroskopische und massenspektrometrische Untersuchungsmethoden, sowie die IR-Reflexion-Spektroskopie oder die Laser-Ablations-ICP-MS erkennen zweifelsfrei die Herkunft des Materials und lassen sogar eine Unterscheidung zwischen afrikanischem und indischem Elfenbein zu.

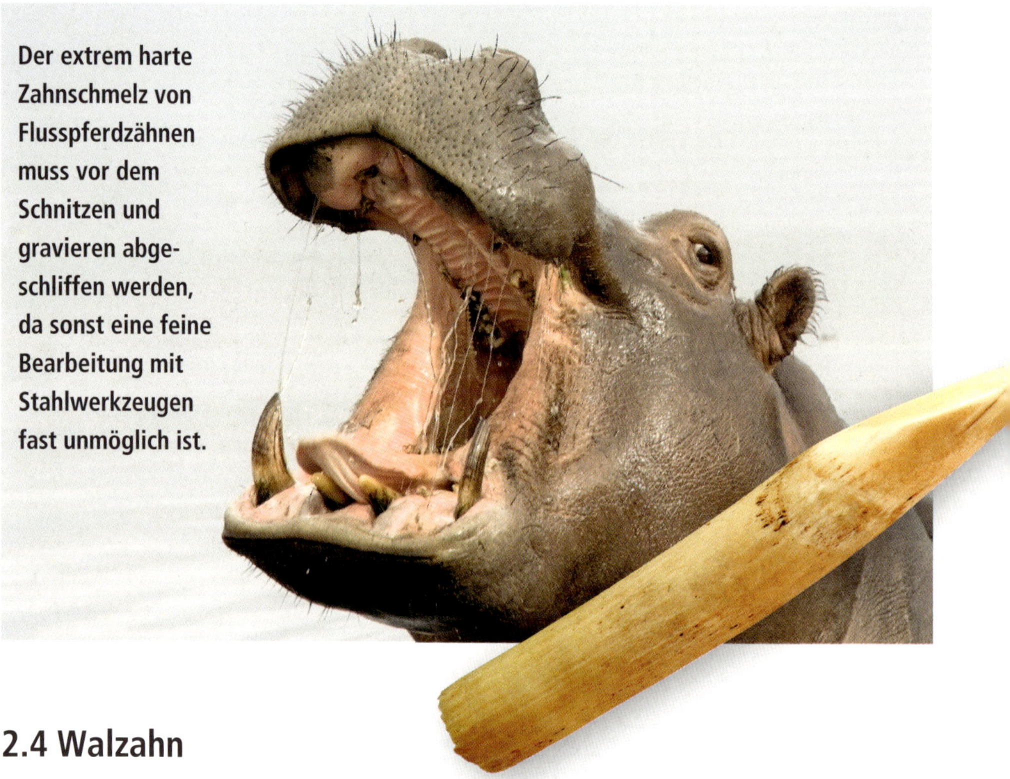

Der extrem harte Zahnschmelz von Flusspferdzähnen muss vor dem Schnitzen und gravieren abgeschliffen werden, da sonst eine feine Bearbeitung mit Stahlwerkzeugen fast unmöglich ist.

2.4 Walzahn

Pottwale sind die größte Zahnwalart und leben in einem riesigen Verbreitungsgebiet. Die Männchen scheinen die kalten Lebensräume des Nordens und Südens zu bevorzugen. Die Weibchen halten sich dagegen mit ihren Jungtieren in äquatorialen und subtropischen Gewässern auf. In ihrem langen, schmalen Unterkiefer sitzen beidseitig je 20 bis 25 kegelförmigen Zähne unterschiedlicher Größe, die bis zu 15 Zentimeter lang werden. Der Zahnquerschnitt zeigt eine dicke weiße harte Zementlage, das Innere ist mit fahlgelbem Dentin aufgefüllt. Beide weisen ein Muster von konzentrischen Ringen auf. Für Pottwalzähne besteht ein Handelsverbot!

2.5 Fossiler Walrosszahn

Das Walross hat im Oberkiefer zwei 60 bis 75 Zentimeter lange, nach unten zeigende Eckzähne. Der charakteristische Aufbau der Zähne zeigt sich sowohl im ovalen Quer- als auch im Längsschnitt. Das Zahninnere besitzt ein

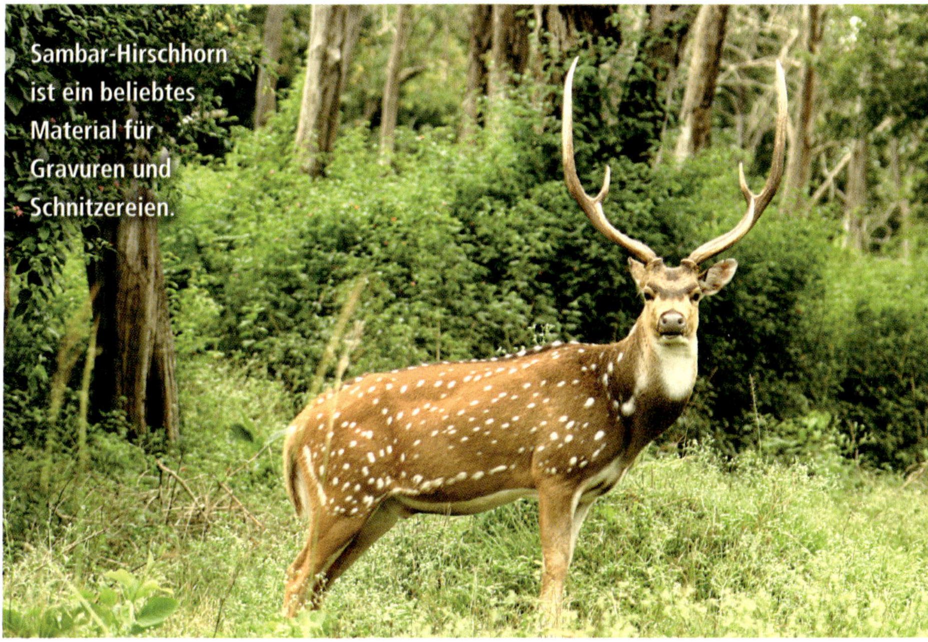
Sambar-Hirschhorn ist ein beliebtes Material für Gravuren und Schnitzereien.

unregelmäßiges, reiskornartiges Muster. Rundherum sitzt ein Rand aus elfenbeinfarbenem Dentin. Dieses Material ist sehr schwierig zu bearbeiten. Zu den berühmtesten Walrosszahnschnitzereien zählen die Heiligenfiguren und Reliefs mit religiösen Darstellungen aus dem Hessischen Landesmuseum Darmstadt. Walrosszähne kommen heute als Rohmaterial oder mit Eskimo-Schnitzereien aus Alaska, Kanada und Grönland als Souvenirs in den Handel. Gültige Aus- und Einfuhrgenehmigungen sind am Zoll vorzulegen.

2.6 Sambar-Hirschhorn

Das Horn des südasiatischen Sambarhirsches eignet sich hervorragend für die Scrimshaw-Gravur. Es wird allerdings zur Zeit kein Sambarhirschhorn mehr eingeführt, da der Hirsch auf der Liste der bedrohten Arten steht. So wird es immer schwieriger, dieses Material zu bekommen.

Wegen seiner Dichte hat das Horn des Sambarhirsches kaum Poren und nur wenig Mark. Es ist auch kaum rissig und lässt sich hervorragend schleifen und polieren. In seiner Färbung bietet das Sambarhorn verschiedene helle Braunschattierungen bis hin zu Dunkelbraun. Auch fast weiße Farben sind keine Seltenheit.

Ich graviere dieses Material sehr gerne, da es für mich eine „angenehme" Härte aufweist. Das bedeutet, es ist nicht zu hart, nicht zu spröde, und die Farbe verbindet sich nach dem Einfärben der Linien gut mit dem Material. Damit steht das Horn ganz im Gegensatz zu Kunststoffen, die in der Regel die Farbe nicht so gut aufnehmen.

Spannend kann es ein, die Perlung oder die angeschliffenen und anpolierten Oberflächenstrukturen in die Scrimshaw-Gravur einzubinden. Das ist bei Sambarhirschhorn besonders gut möglich.

2.7 Elchhorn

Auch das Elchgeweih ist ein sehr interessantes Material. Außen bräunlich wird es zur Mitte hin relativ hell. Allerdings muss man hier immer mit mehr oder weniger großen „Pixeln" im Material rechnen. Nach dem Schleifen und

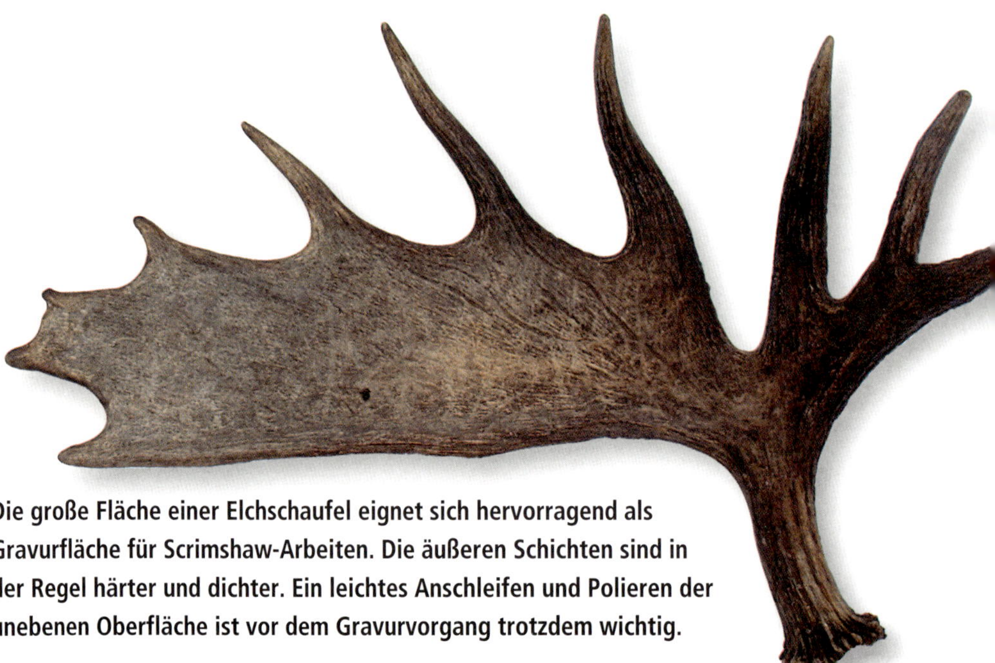

Die große Fläche einer Elchschaufel eignet sich hervorragend als Gravurfläche für Scrimshaw-Arbeiten. Die äußeren Schichten sind in der Regel härter und dichter. Ein leichtes Anschleifen und Polieren der unebenen Oberfläche ist vor dem Gravurvorgang trotzdem wichtig.

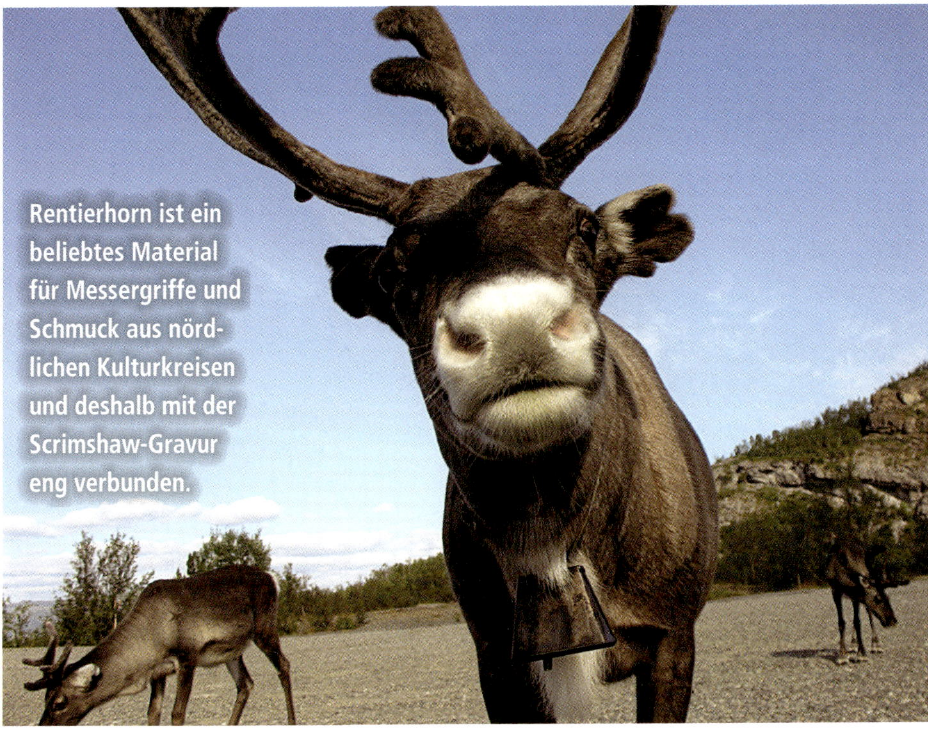

Polieren erlebt man beim Einfärben so manches Mal eine böse Überraschung. Allerfeinste Poren werden eben erst nach dem Farbauftrag sichtbar. Bevor Sie ein Stück für eine Scrimshaw-Gravur verwenden, testen Sie möglichst Ihre Linien, Punkte und Einfärbungen an einem Probestück aus dem selben Geweihabschnitt.

Ich selbst habe einmal diesen Test aus Zeitgründen übersprungen, mit dem Resultat, dass ich in der fertigen Porträtgravur einen regelrechten „Grauschleier“ hatte. Dieser Schleier bestand – unter dem Mikroskop betrachtet – aus Hunderten feinster Poren.

2.8 Rentierhorn

Rentierhorn ist, was seine Eigenschaften beim Gravieren betrifft, dem Elchgeweih sehr ähnlich. Auch hier findet man verschiedene Brauntöne bis hin zu fast reinem Weiß. Leichte Risse und Poren wird man immer in den Entwurf einbauen müssen, da sie in diesem Material ständige Begleiter sind.

Interessant ist es, eine ganze Schaufel des Geweihs im Mittelteil anzuschleifen und zu polieren, um hinterher großflächig zu arbeiten. Ich würde persönlich Motive wählen, die in Linientechnik umgesetzt werden können, da man dadurch die besagten „Pixel“ und Poren viel leichter überarbeiten und somit kaschieren und integrieren kann. Eine schöne Wirkung erzielt man auch durch das Einfärben in Sepiatönen, was hervorragend zu den Brauntönen in der Außenstruktur passt.

2.9 Rinderhorn

Das Gravieren von Rinderhorn ist eine sehr undankbare Aufgabe, da dieses Material extrem „faserig“ ist. Man bekommt kaum saubere Linien hin, und die Punktiertechnik stößt ebenfalls an ihre Grenzen. Trotzdem wird dieses Material graviert und beschnitzt. Ich habe schon wunderschöne, verzierte Trinkhörner gesehen, die mit aufwändigen Ornamenten versehen waren.

Am besten kann man noch die Technik des Schnitzens und Fräsens mit feinen Diamantspitzen und biegsamer Welle anwenden. Die Resultate sind interessant, aber der Aufwand ist beträchtlich. Deshalb rate ich jedem Graveur, sich lieber gleich ein gutes Stück Mammutelfenbein zuzulegen, da man an dem Endresultat mehr Freude haben wird.

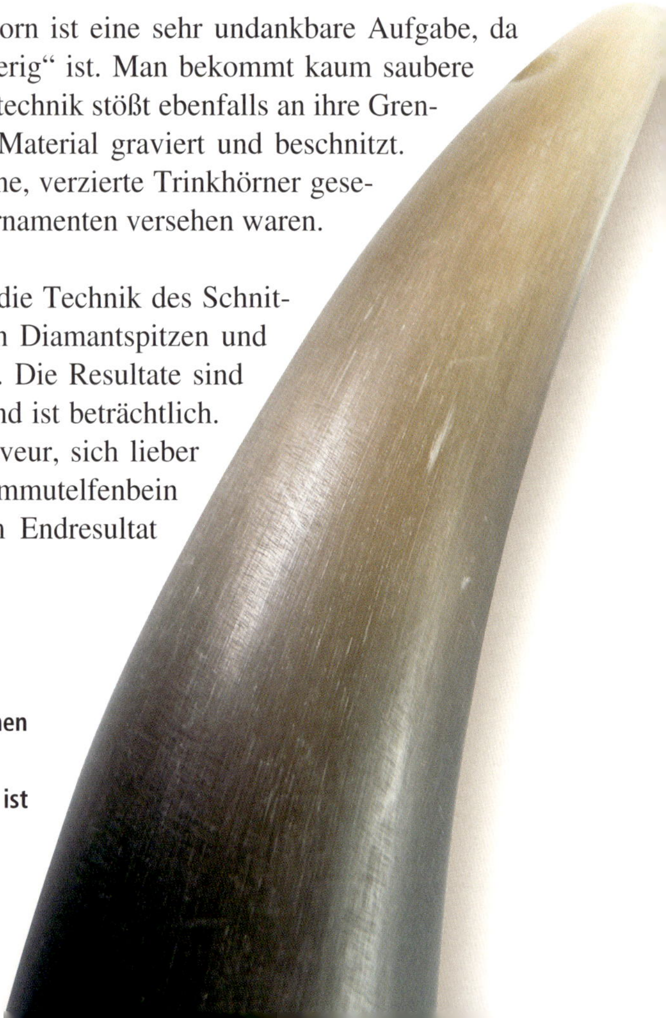

Rinderhorn gibt es in verschiedenen Farbschattierungen. Für schwarz eingefärbte Scrimshaw-Gravuren ist es wichtig, möglichst helle Hornstücke auszusuchen.

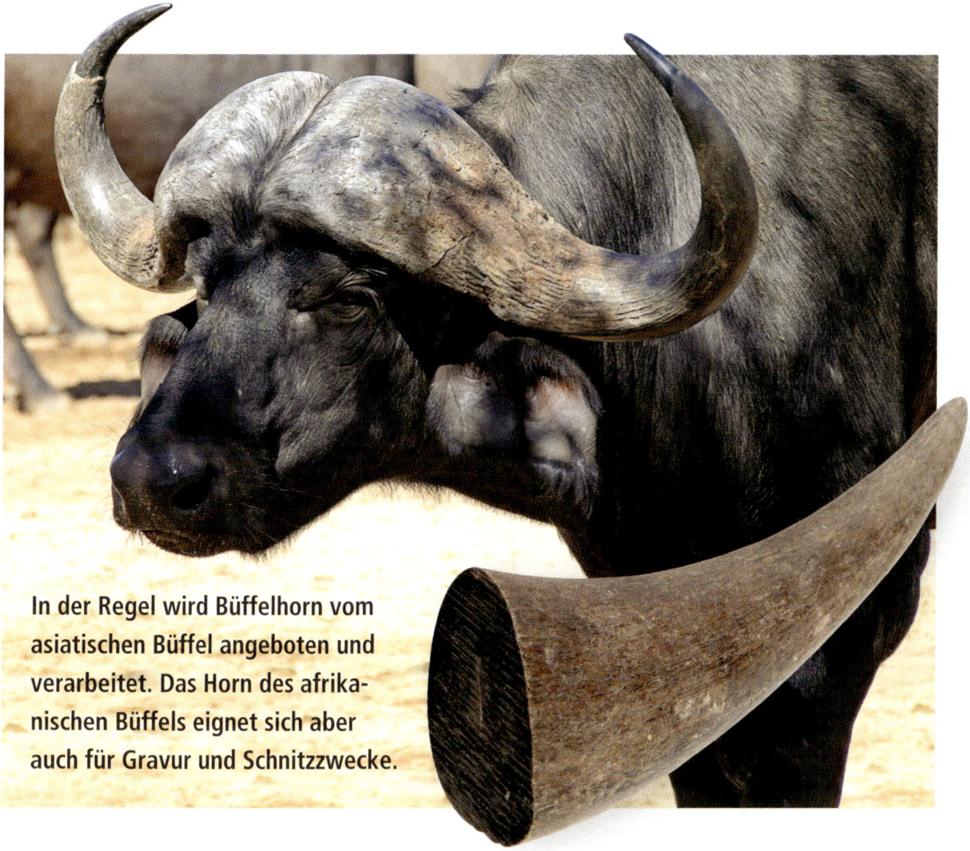

In der Regel wird Büffelhorn vom asiatischen Büffel angeboten und verarbeitet. Das Horn des afrikanischen Büffels eignet sich aber auch für Gravur und Schnitzzwecke.

2.10 Büffelhorn

Das Horn des Wasserbüffels ist ein faszinierendes Material. Geschliffen und poliert erhält man ein spiegelnd glänzendes, schwarzes Material, das in verschiedenen Grauschattierungen bis hin zu grünlichen und manchmal bräunlichen Farbtönen erscheint.

Das Besondere daran für die Scrimshaw-Gravur ist die Art des Vorgehens: Man färbt das Büffelhorn mit hellen Farben (weiß) ein. Deshalb werden die Schatten in den Motiven ausgespart, da sie vom Material vorgegeben sind. Man arbeitet sich im Prinzip vom Dunklen ins Helle vor.

Büffelhorn weist beim Gravieren mit der Nadel manchmal einen leicht faserigen Charakter auf. Man erkennt dann bei gezogenen Linien unter dem Vergrößerungsglas oft einen leichten Grat. Hier kann man eventuell Abhilfe schaffen, in dem man ganz leicht und vorsichtig von Hand noch einmal überpoliert. Ich würde das aber nur stellenweise tun, dort wo es erforderlich ist und wo tiefere Linien vorherrschen.

Das Material hat noch eine weitere interessante Eigenschaft: Die eingravierten Strukturen erscheinen gleich, ohne sie einzufärben, hell in der Oberfläche. Das liegt an dem feinen Grat, der beim Gravieren erzeugt wird. Dadurch wird das Arbeiten etwas leichter, da man das Motiv schon vor dem Einfärben zu sehen bekommt. Trotzdem ist das Einfärben unerlässlich, da die Kontraste sonst zu blass sind.

2.11 Rinderknochen

Rinderknochen ist als Material für die Scrimshaw-Gravur recht gut geeignet. Es hat allerdings – wie fast alle Knochen- und Horn-Materialien – den kleinen Nachteil der Einschlüsse und Poren. Manchmal sind auch Risse in der Oberfläche nicht zu vermeiden.

In der Färbung ist Rinderknochen meist weiß, das Material ist aber auch in leichten Cremetönungen zu finden. Es ist vor allem für gröbere Linientechniken geeignet. Motive, in dieser Art graviert, unterstreichen den Charakter des Materials. Rinderknochen ist mittlerweile auch in Plattenform erhältlich, was sich besonders für „Trainingszwecke" anbietet.

Ich empfehle jedem Scrimshaw-Anfänger, die Graviernadel bei solchen Knochenmaterialien nicht in einem zu spitzen Winkel anzuschleifen. Wählen Sie eher einen stumpferen Winkel. Knochenmaterialien lassen sich meiner Erfahrung nach in Linientechnik besser gravieren. Die Nadeln gleiten einfach besser, probieren Sie es aus!

2.12 Kamelknochen

Ein Material, das in den letzten Jahren verstärkt Einzug gehalten hat, ist der Kamelknochen. Wegen seiner größeren Dichte weist er wesentlich weniger Poren als zum Beispiel der Knochen vom Rind auf. Im gut sortierten Materialhandel ist Kamelknochen mittlerweile auch leicht erhältlich. In der Regel ist er gebleicht, also weiß. Damit ist Kamelknochen ein idealer Werkstoff für kontrastreiche Motive.

2.13 Micarta

Micarta besteht aus mehreren Lagen Papier, Leinen oder Segeltuch, die mit Kunstharz durchtränkt und gepresst werden. Micarta ist sehr fest und leicht, wasserbeständig, stabil und bruchsicher. Werden die einzelnen Füllstofflagen schräg anpoliert, kann es eine geänderte Maserung zeigen, die an Elfenbein erinnert. Micarta wird beispielsweise für Messergriffe verwendet.

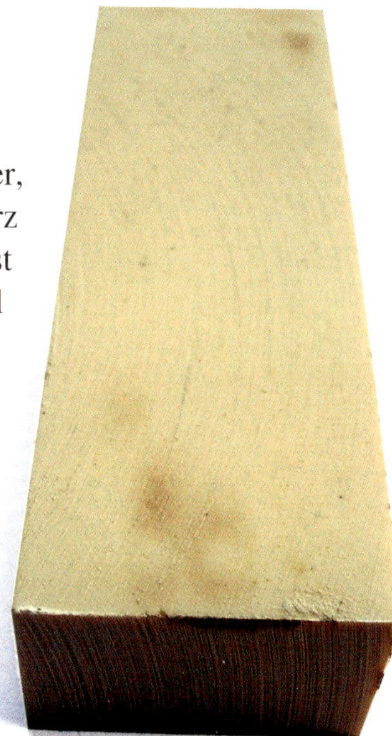

Micarta ist ein hervorragendes „Trainingsmaterial" für die Scrimshaw-Gravur. Allerdings hat es den Nachteil, dass es über die Jahre stark vergilbt und nachdunkelt.

2.14 Bakelit

Es gibt eine Reihe von Kunststoffen, die für die Scrimshaw-Gravur verwendet werden können. Ein Klassiker – weil schon seit Anfang des 20. Jahrhunderts auf dem Markt – ist Bakelit, auch Ivorine genannt. Dieser vollsynthetische Kunststoff dient in eingefärbter Form unter anderem als Schmuckstein und Bernstein- beziehungsweise Elfenbeinersatz.

Da Kunstharze durch Hitze schmelzen, kann man Bakelit leicht erkennen, wenn man eine heiße Nadel hineinsticht. Bei Reinigungsarbeiten ist Vorsicht geboten, da Bakelit in Alkohol und Spiritus löslich ist!

2.15 Oosik

Unter dem Begriff Oosik versteht man den fossilen Penisknochen des Walrosses.

Dieses sehr exotische Material ist beliebt bei Messermachern und Graveuren. In seiner Bearbeitungseigenschaft sehe ich es dem fossilen Mammutelfenbein nahe. Da es Knochenmaterial ist, weist es allerdings die entsprechenden Poren auf, die spätestens nach dem Einfärben zu sehen sind. Oosik findet man in verschiedensten Hellbraun- und Braunschattierungen.

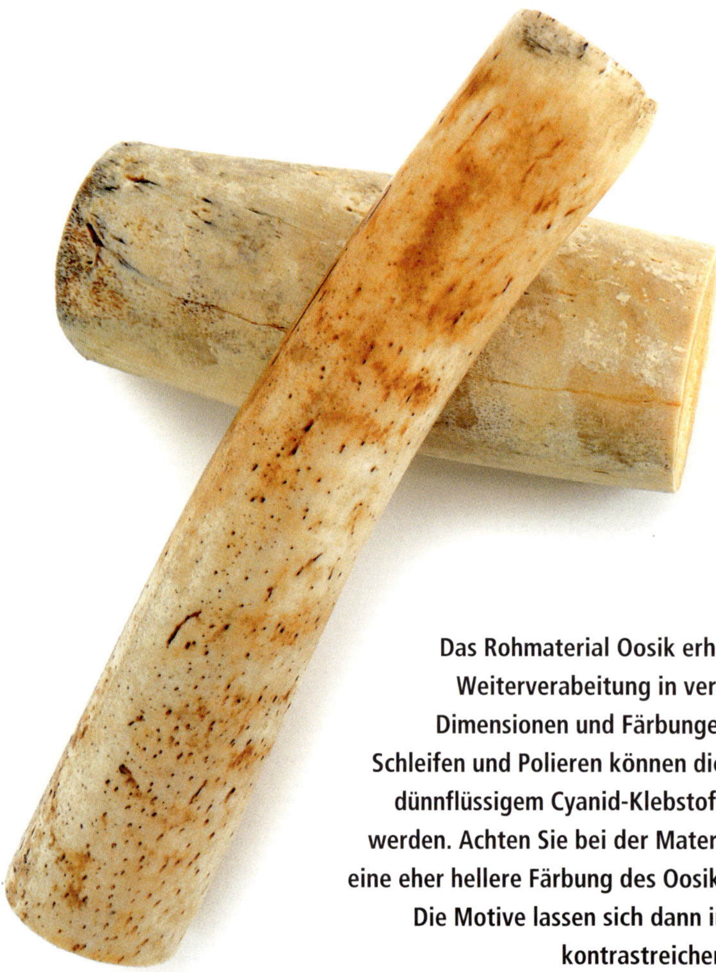

Das Rohmaterial Oosik erhält man zur Weiterverabeitung in verschiedenen Dimensionen und Färbungen. Vor dem Schleifen und Polieren können die Poren mit dünnflüssigem Cyanid-Klebstoff aufgefüllt werden. Achten Sie bei der Materialwahl auf eine eher hellere Färbung des Oosik-Materials. Die Motive lassen sich dann in der Regel kontrastreicher umsetzen.

2.16 Sonstige Materialien

In der schier unendlichen Artenvielfalt der Natur bieten sich dem Scrimshaw-Künstler noch jede Menge anderer Materialien an. Man denke zum Bespiel an verschiedenste Perlmuttmaterialien oder die Taguanuss, auch Elfenbeinnuss genannt. Auch Knochenmaterialien bieten eine enorme Vielfalt. Sollte Ihnen das eine oder andere exotische Stück unter die Hände kommen, kann ich nur sagen: Probieren geht über studieren.

Das einzige, was man sich dabei immer vor Augen halten sollte, ist der Artenschutz. Vergewissern Sie sich immer so gut wie möglich, dass Sie auch Materialien bearbeiten, die nach dem Artenschutzgesetz gehandelt und bearbeitet werden dürfen. Denken Sie im Sinne der Natur, denn wir sind alle ein Teil davon!

Die Hauer von Warzenschweinen bieten interessante Möglichkeiten als Grundlage für Scrimshaw-Gravuren. Nach dem Überschleifen und Polieren lässt sich dieses Material sehr gut ritzen und gravieren.

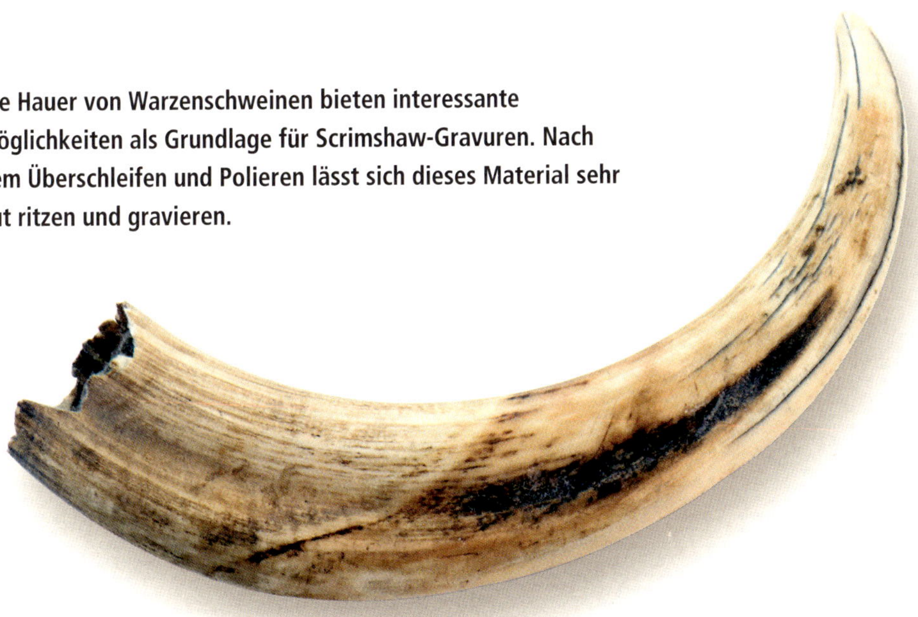

WERKZEUGE UND ARBEITSMATERIALIEN

3.1 Grundierungen

Prinzipiell muss eine Oberfläche erst grundiert werden, bevor darauf gezeichnet werden kann. Hochglanzpolierte Oberflächen, zum Beispiel von Mammutelfenbein, lassen sich ohne Grundierung kaum mit dem Bleistift markieren. Die Linien würden fast unsichtbar und sehr unscharf erscheinen. Desweiteren wären die Lichtreflexionen sehr hinderlich.

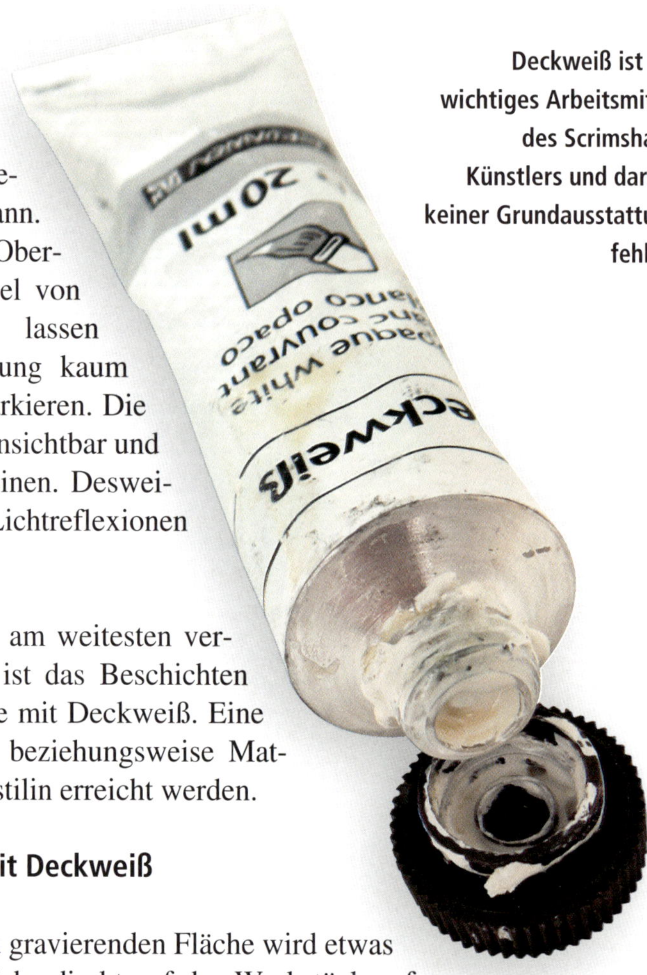

Deckweiß ist ein wichtiges Arbeitsmittel des Scrimshaw-Künstlers und darf in keiner Grundausstattung fehlen.

Eine der besten und am weitesten verbreiteten Methoden ist das Beschichten der Gravuroberfläche mit Deckweiß. Eine andere Grundierung beziehungsweise Mattierung kann mit Plastilin erreicht werden.

3.1.1 Grundieren mit Deckweiß

Je nach Größe der zu gravierenden Fläche wird etwas Deckweiß aus der Tube direkt auf das Werkstück aufgetragen. Da die Paste recht dickflüssig ist, verwende ich einen breiten Haarpinsel, der zuvor in Wasser getaucht wird, um die Paste dünnflüssig über die Oberfläche des Werkstücks zu verteilen. Eventuell muss je nach Menge der Paste mehrmals mit Wasser verdünnt werden.

ÜBERSICHT BLEISTIFT-HÄRTEGRADE

Härte	Charakter	Verwendung
9B	sehr weich	für künstlerische Zwecke, Skizzen, Studien, Entwürfe
8B		
7B		
6B		
5B		
4B		
3B	weich, tonsatt	zum Freihandzeichnen und Schreiben
2B		
B		
HB	mittel	zum Schreiben und linearen Zeichnen
F		
H	hart	für geometrische und technische Zeichnungen
2H		
3H	sehr hart	für technische Detailpläne und graphische Darstellungen
4H		
5H		
6H	extrem hart	für Spezialzwecke, wie Litho-, Karto-, Xylographie
7H		
8H		
9H		

Es geht vor allem darum, einen hauchdünnen, matten Film der Deckweißfarbe zu erreichen. Je dünner und glatter die Oberfläche beschichtet wird, umso besser kann man hinterher Feinheiten mit dem Bleistift zeichnen. Die Deckweiß-Methode hat den Vorteil, dass man mit einer harten und feinen Bleistiftmine sehr detailliert und fein zeichnen kann. Wenn Linien korrigiert werden müssen, empfehle ich das vorsichtige Überrollen der Linien mit einem Knetradiergummi. Die Bleistiftlinien werden dann heller und können problemlos überzeichnet werden.

3.1.2 Grundieren mit Plastilin

Das Grundieren mit Plastilin ist eine schnelle und unkomplizierte Methode des Mattierens. Sie eignet sich am besten für Vorzeichenarbeiten, die nicht extrem detailliert sein müssen, da der Bleistiftstrich sich auf einer mit Plastilin mattierten Oberfläche nicht ganz so klar abzeichnet wie auf einer mit Deckweiß grundierten Oberfläche.

Ich nehme dazu ein kleines Stück Plastilin-Knetmasse und rolle es mit den Fingern über die Arbeitsoberfläche. Durch die Hin-und-Her-Bewegung bildet sich ein leichter matter Abrieb des Plastilins auf der glänzend polierten Oberfläche des Werkstücks. Nun kann auf der präparierten Oberfläche gezeichnet werden.

Sollen Bleistiftstriche korrigiert werden, muss nur der fehlerhaft gezeichnete Teil mit Plastilin vorsichtig abgetupft werden. Der Bleistiftstrich wird dadurch schnell matter und matter, bis er fast vollständig verschwindet. Nun können die Linien wieder überzeichnet werden.

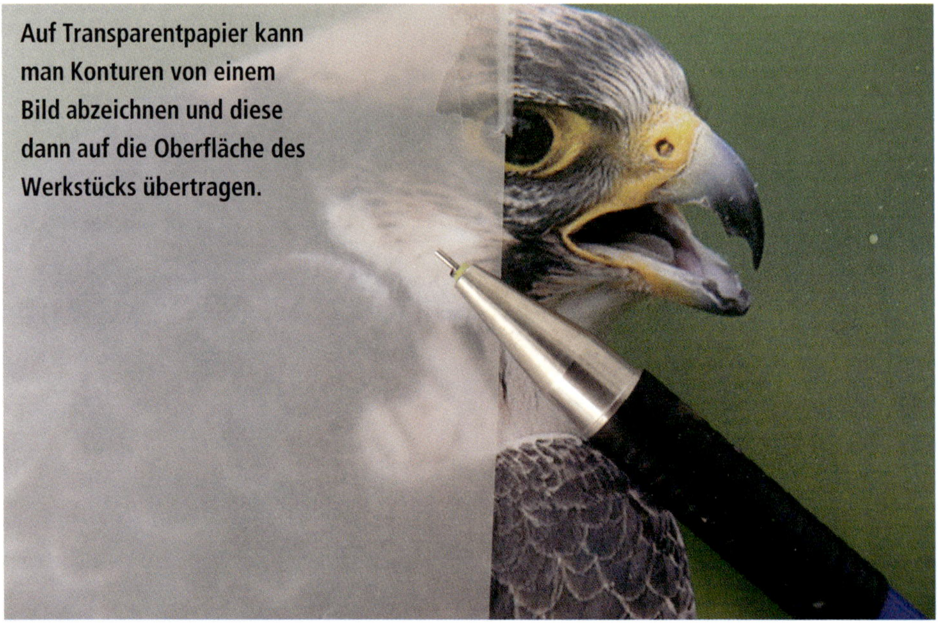

Auf Transparentpapier kann man Konturen von einem Bild abzeichnen und diese dann auf die Oberfläche des Werkstücks übertragen.

Ein gutes Sortiment an Gravurnadeln ist für die Scrimshaw-Arbeit unerlässlich. Verschiedene Schliffwinkel und Spitzen gehören in jedes Sortiment. Härtegrade und Elastizität der Stähle sind wichtige Kriterien bei der Auswahl der Nadeln.

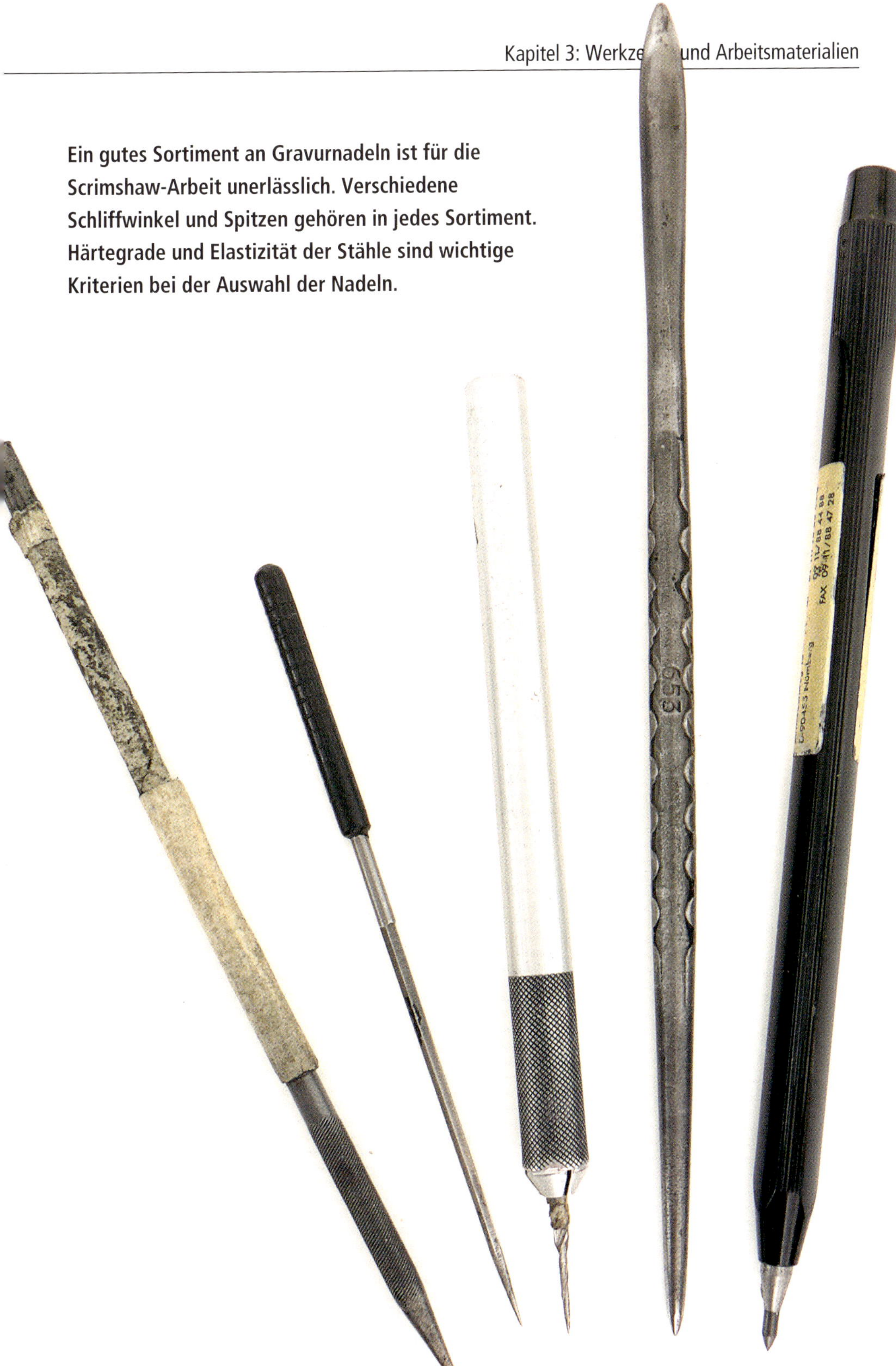

3.2 Bleistifte

Zum Vorzeichnen und Aufzeichnen verwendet man in der Regel Bleistifte. Die Erfahrung hat gezeigt, dass sich dafür Druckbleistifte am besten eignen. Die Grundregel lautet: Je feiner das Detail der vorgezeichneten Linien und Strukturen, desto härter die Bleistiftmine.

Druckbleistifte gibt es mit 0,3 sowie 0,5 und 0,7 mm Minendurchmesser. Um vorgezeichnete Konturlinien zu betonen, empfehlen sich HB 0,5 mm Linien. Für feinste Hilfslinien innerhalb eines Motivs ist ein 6H 0,3 mm sinnvoll. Für grobe Hilfslinien, die nur Andeutungen von Motivverläufen darstellen sollen, kann auch ein normaler Bleistift mit einer HB-Mine verwendet werden.

3.3 Transfermaterialien

3.3.1 Transparentpapier

Transparentpapier gibt es in verschiedenen Ausführungen beziehungsweise Papierstärken. Im Handel erhält man es in Einzelblättern, Blöcken und Rollen. Ich empfehle darauf zu achten, dass die Papierstärke nicht zu dünn ausfällt. Ein zu dünnes Papier kann leicht einreißen. Beachten Sie auch beim Kauf, dass das Papier auch eine hohe Transparenz (Durchsichtigkeit) aufweist. Kleiner Tipp: Schneiden Sie das Papier in kleine Stücke, die etwa den Maßen der Werkstücke entsprechen.

3.3.2 Blaupauspapier

Blaupauspapier – auch Durchschlagspapier genannt – wurde vor dem Einzug von Kopierern, PCs und Druckern zum Kopieren von Schriftstücken verwendet. Dieses sehr dünne Spezialpapier ist auf einer Seite abriebfest matt-glänzend beschichtet und auf der anderen Seite mit einer Spezialschicht aus Farbe versehen.

Man kann die farbbeschichtete Fläche zum Beispiel auf ein weißes Blatt Papier legen und oben darauf ein bedrucktes Blatt. Wenn man die Linien des

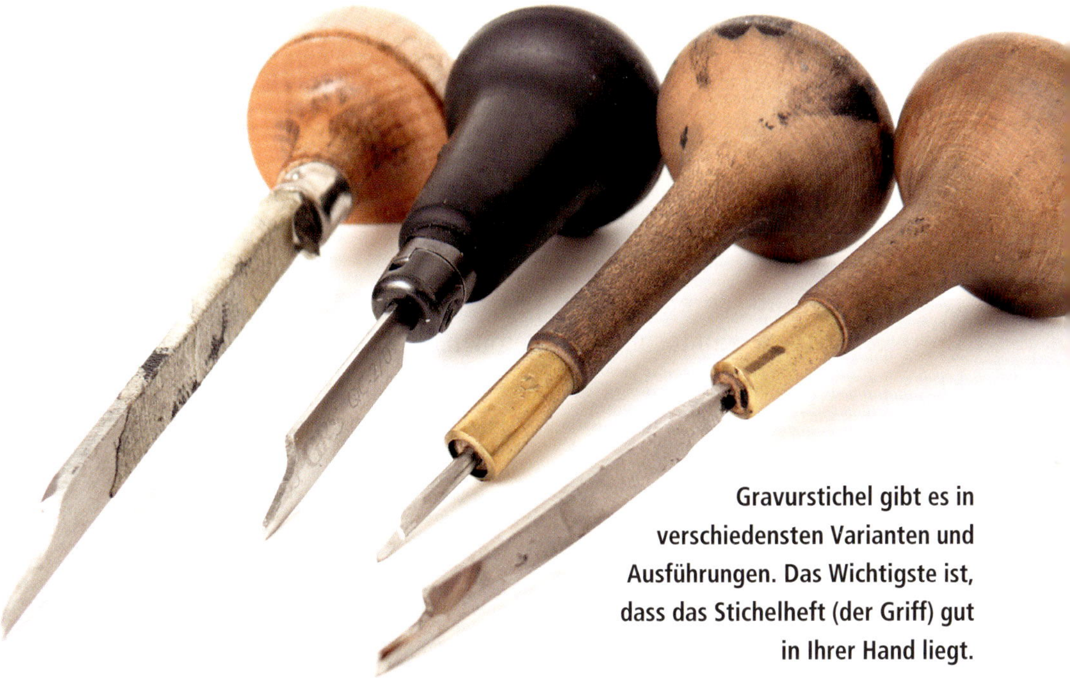

Gravurstichel gibt es in verschiedensten Varianten und Ausführungen. Das Wichtigste ist, dass das Stichelheft (der Griff) gut in Ihrer Hand liegt.

bedruckten Blatts mit einem Bleistift nachzieht, drucken sich die Linien entsprechend am weißen Blatt darunter durch. Leider ist dieses Papier heute sehr schwer zu bekommen, da es kaum mehr Verwendung findet.

3.4 Nadeln

Das wichtigste Werkzeug des Scrimshaw-Graveurs ist die Graviernadel. Es gibt kein Patentrezept dafür, wie eine Scrimshaw-Nadel auszusehen hat. Es liegt am Graveur, für sich festzustellen, welche Nadel für ihn am besten geeignet ist. Die Form und Beschaffenheit der Graviernadel ist letztendlich auch abhängig vom Motiv und der Struktur, die gerade graviert werden soll.

Stahlnadeln, Anreißnadeln und Lithonadeln sind prinzipiell für die Scrimshaw-Gravur geeignet. Eine Alternative sind auch Spezialnadeln mit Diamantspitze. Aus meiner Erfahrung sind Stahlnadeln aber am besten geeignet, da man den Schliffwinkel bei Bedarf jederzeit selbst verändern (umschleifen) kann.

Sinnvoll ist es, eine Auswahl verschiedener Nadeln im Werkzeugkasten zu haben. Legen Sie sich Nadeln mit verschiedenen Schliffwinkeln und verschiedenen Stählen zu. Auf das Anfertigen und Schleifen von Graviernadeln gehe ich später noch ausführlicher ein.

3.5 Gravurstichel

Ein wichtiges Werkzeug für den fortgeschrittenen Scrimshaw-Graveur sind verschiedene Handstichel. Der Einsatz dieser Werkzeuge erfordert eine gewisse Erfahrung und Sicherheit.

Ein klassischer Handstichel besteht aus dem Stichelheft (Griff) und dem eigentlichen Stichel. Beides wird oft getrennt angeboten. Das Heft besteht meistens aus Holz. Man erhält aber auch Griffe aus Aluminium oder Kunststoff. Mir sind die traditionellen Holzgriffe am liebsten, da sie einfach am besten in der Hand liegen und im Gegensatz zu Plastikgriffen bei der Arbeit den Handschweiß aufnehmen können und nicht rutschig werden. Griffe erhält man auch in verschiedenen Formen. Dicke und Länge sollten sich nach der Hand des Graveurs und nach der Art der Gravurtechnik richten. Auch hier spielt eine gewisse Erfahrung beim Gravieren eine wichtige Rolle.

Bei sehr feinen Punktierarbeiten und hauchzarten Linien empfiehlt sich ein leichtes, sehr schlankes und vor allem handliches Griffstück. Zum Ausstemmen von Hintergründen und sehr breiten, tiefen Linien, die viel Druck erfordern, ist ein dickeres Handstück mit massivem Knauf günstiger. Die eigene Erfahrung wird dem Scrimshaw-Graveur im Laufe der Zeit die Richtung weisen.

Die eigentlichen Stichel unterteilen sich in verschiedene Gruppen. Die wichtigsten, die auch für die Scrimshaw-Gravur verwendet werden können, sind Spitzstichel, Bollstichel, Flachstichel, Grabstichel und Messerstichel.

In der Regel muss der Graveur selbst Metallstichel und Griffstück zusammensetzen. Es empfiehlt sich, mit Hilfe eines kleinen dünnen Holzbohrers ein Loch in den Griff zu bohren. Mittig, senkrecht an die Stelle gesetzt, an der der Stichel im Griffstück verankert werden soll.

MONTAGE DES STICHELS

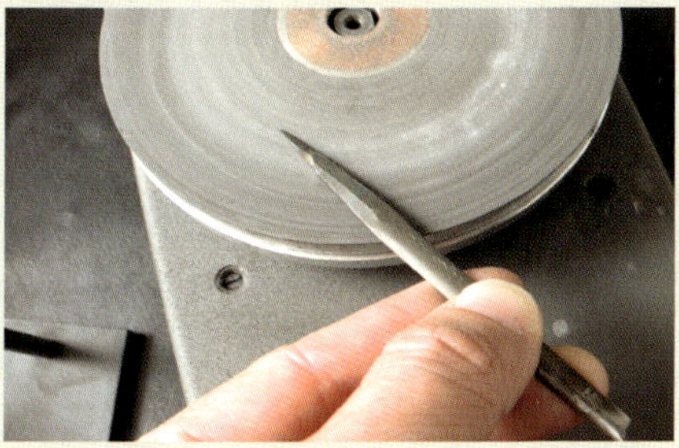

Die sogenannte Angel wird spitz zugeschliffen. Achten Sie dabei darauf, dass der Stahl nicht zu heiß wird und sich verfärbt (Bruchgefahr).

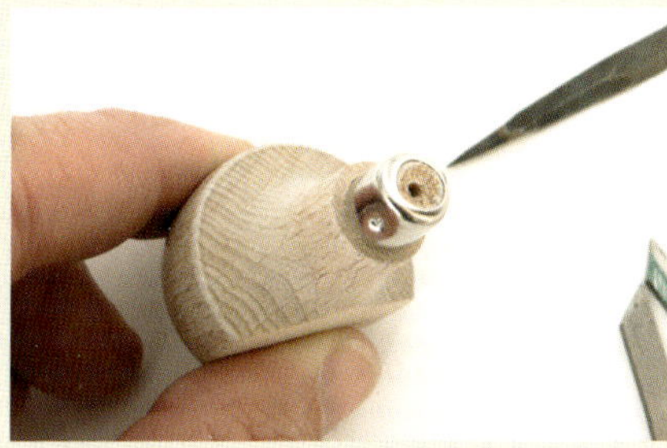

Ein fein vorgebohrtes Loch im Stichelheft (Holzgriff), erleichtert das spätere Einhämmern des Stichels.

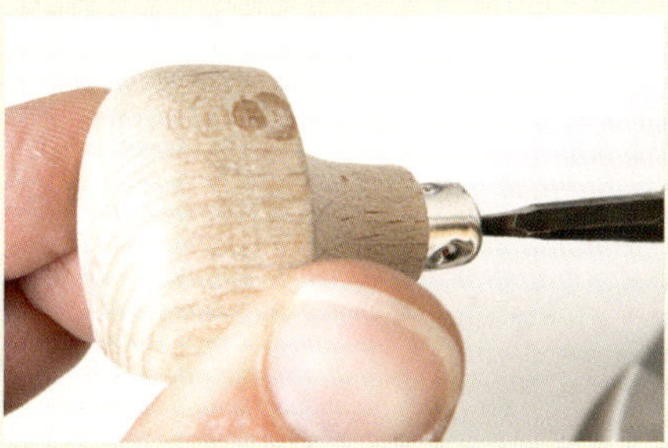

Das Stichelheft wird in Fluchtlinie an der zugespitzten Angel des Metallstichels positioniert.

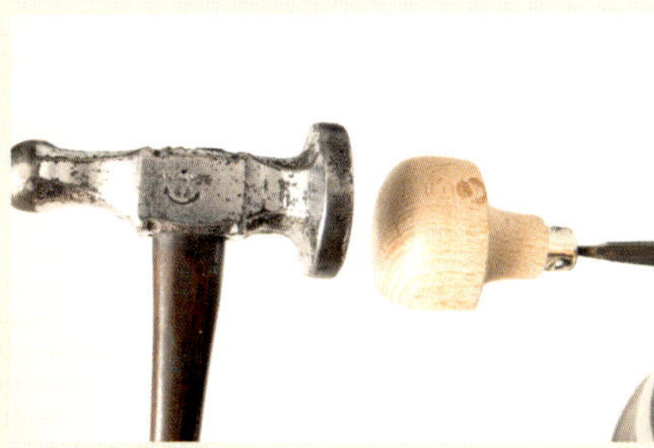

Der im Schraubstock befestigte Stichel wird nun mit dem Stichelheft durch leichtes Hämmern verbunden.

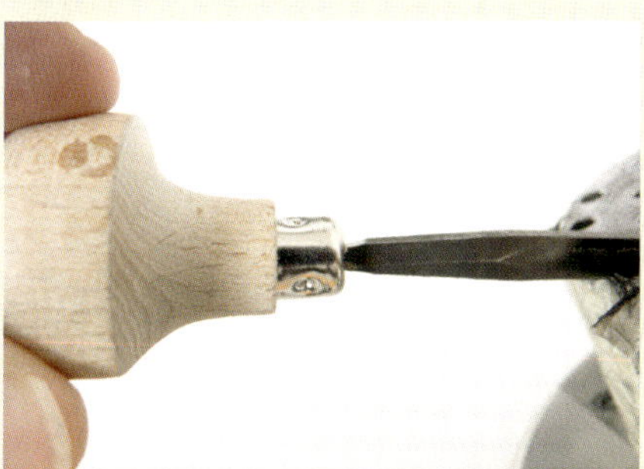

Der Metallstichel sollte jetzt fest mit dem Holzheft verbunden sein.

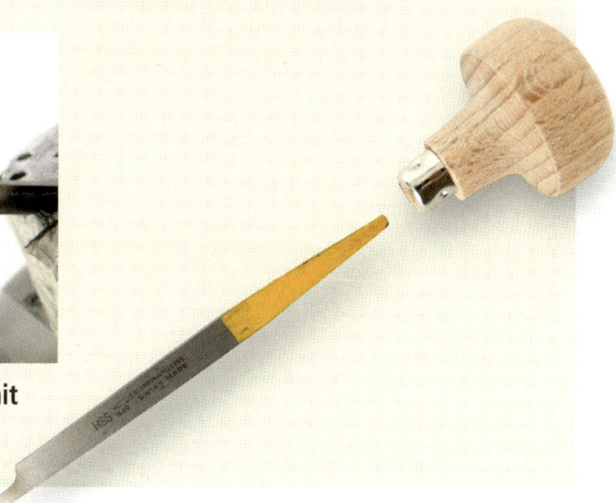

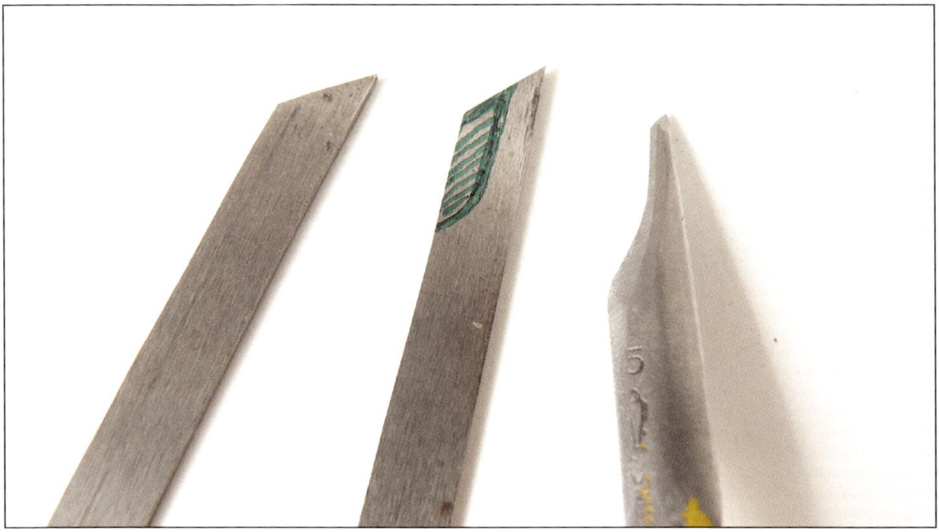

Um eine gute Sicht auf die Stichelspitze zu erlangen wird überschüssiges Material vom Stichelrohling abgeschliffen. Das Nachschleifen der Spitze („Kappe") wird dadurch auch erleichtert.

Der Stichel wird nun an einer Schleifmaschine am hinteren Bereich (Erl, auch Angel genannt) vorsichtig rund geschliffen, um eine nagelartige Spitze zu erhalten. Dabei ist es wichtig, den Stichel in diesem Bereich, der später in das Holzheft geschlagen wird, beim Schleifen nicht blau oder gelb anlaufen zu lassen. Sonst verliert der Stahl seine Härte. Kühlen Sie deshalb den Stichel laufend im kalten Wasser ab (am besten in einem Wasserbehälter direkt neben der Schleifmaschine).

Im nächsten Arbeitsgang wird der Stichel in einen Schraubstock gespannt. Und zwar so, dass der Erl senkrecht im Lot steht und nach oben zwei bis drei Zentimeter aus dem Schraubstock ragt. Nun wird das angebohrte Ende des Holzgriffs mit der linken Hand senkrecht zum angespitzten Erl geführt und mit einem Kunststoffhammer so lange angehämmert, bis der Erl des Stichels sich tief in das Holzheft gebohrt hat. Auch hier gilt: Vorsichtig hämmern, da das Holzheft bei zu starkem Hammerschlag reißen kann!

Jetzt ist der Stichel eine Einheit. Richtig gravieren kann man damit aber noch nicht. Im nächsten Schritt wird mit Hilfe der Schleifscheibe die Stichelhöhe

SCHLEIFEN DES STICHELS

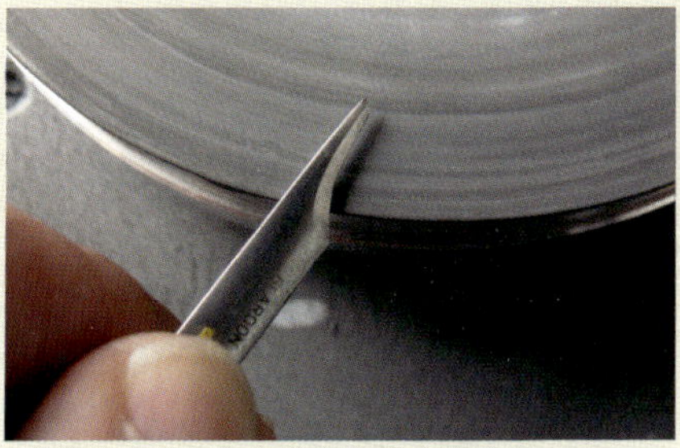

Material wird aus dem Rücken der Stichelspitze geschliffen, um ein besseres Blickfeld auf die Stichelspitze zu erhalten.

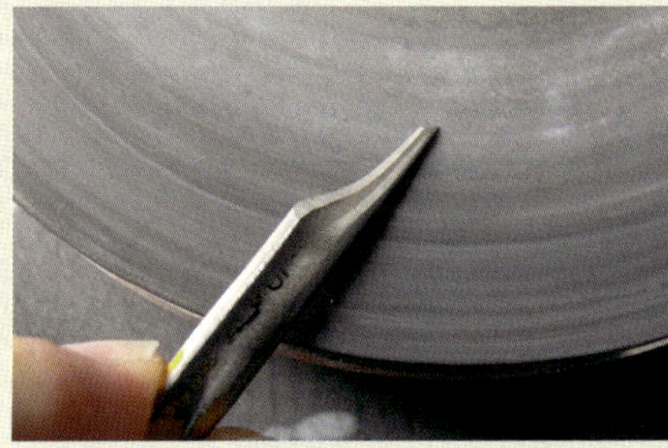

Die linke Stichelseite wird im gewünschten Radius oder Winkel geschliffen.

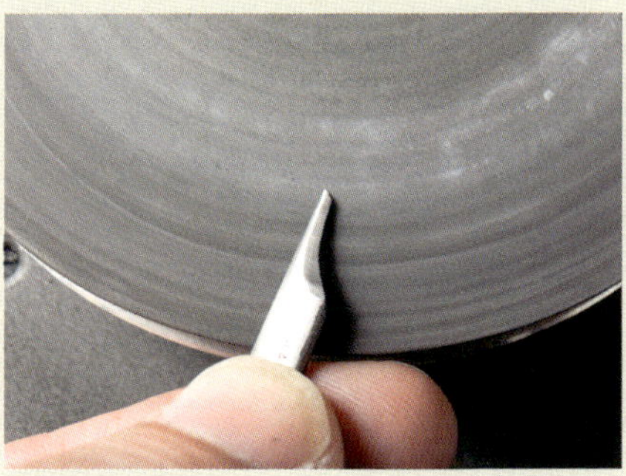

Die rechte Seite wird nun der linken angepasst, so dass eine gerade Schnittkante entsteht.

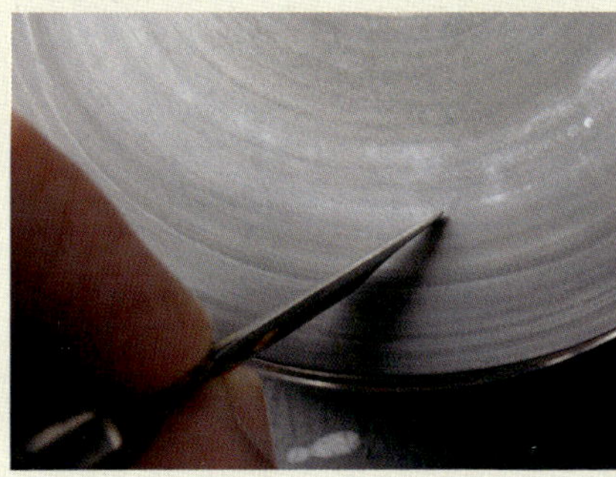

Wichtig ist das Anschleifen der Kappe – etwa im 45-Grad-Winkel – zum Schluss des Schleifvorgangs.

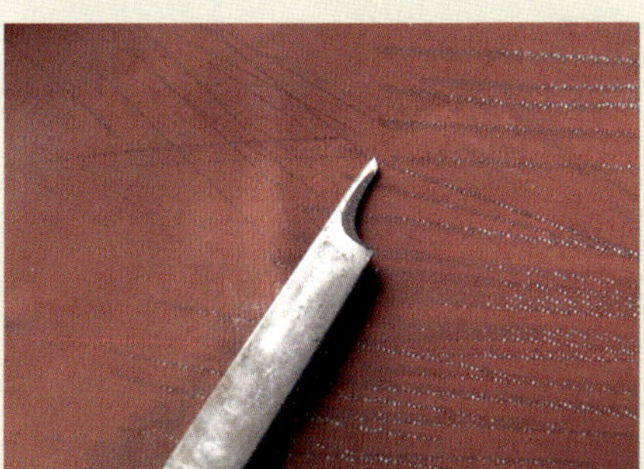

Mit feinem Schleifleinen (1200er) wird der Stichel an den Seiten abgezogen.

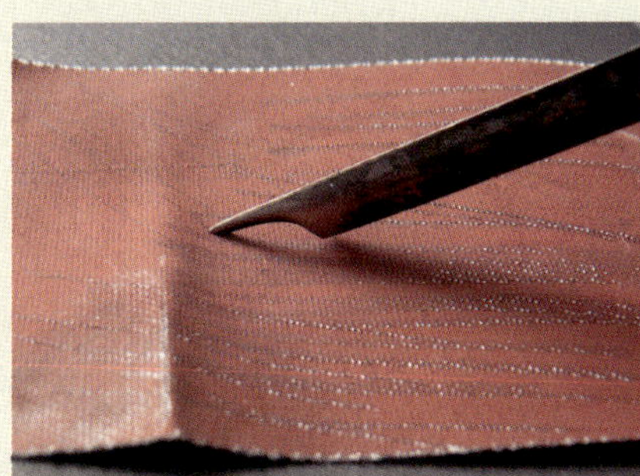

Das Abziehen der Kappe erfolgt wieder zum Schluss.

im vorderen Bereich des Stichels abgeschliffen. Das ist notwendig, damit das Abschleifen der Stichelkappe einfacher funktioniert und vor allem, um bessere Sicht zum Schneidebereich zu erhalten.

Dann kann die Stichelbahn (Schneidkante) mit einem Anschliff versehen werden. Wenn die Stichelbahn gerade bleibt, würde sich der Gravierstichel sofort ins Material bohren. Man könnte keine vernünftige Linie damit ziehen. Deshalb ist es wichtig, einen Anschliffwinkel von wenigen Grad an den Stichel zu bringen. Das lässt sich am besten mit einem handelsüblichen Ölschleifstein erledigen. Für das Feinabziehen eignet sich besonders gut 600er und 1200er Schleifpapier, das man auf eine plane, feste Oberfläche klebt (am einfachsten mit Sprühkleber). Als Unterlage eignen sich besonders gut eine massive Metallplatte oder eine beschichtete Kunststoffarbeitsplatte.

Der letzte Arbeitsgang ist das Schleifen der Stichelkappe. Dieser Schliff entscheidet über das Schneideverhalten des Stichels. Ideal ist hier ein 45-Grad-Winkel. Auch dieser Winkel kann an der Schleifmaschine vorsichtig vorgeschliffen werden. Laufendes Kühlen in Wasser ist wieder wichtig, um das Metall nicht zu überhitzen. Ein blau gewordener Stichel bricht im Schneidenbereich sehr schnell aus.

Nach dem Vorschleifen kommt das Schleifen am Schleifstein und wieder das Abziehen am Schleifpapier. Das letzte Abziehen sollte man nicht in Querrichtung, sondern längs vornehmen. Zuletzt stößt man die Sichelspitze vorsichtig in einen weichen Holzklotz, um einen eventuell entstandenen feinen Grat abzustoßen.

Nun kommt die entscheidende Frage: Schneidet der Stichel oder nicht? Man erkennt einen Graveur oder Handstichelbenutzer an seinen aufgerauten Daumennägeln. Als Schneideprobe lässt man die Stichelspitze vorsichtig über den Daumennagel gleiten. Ein scharfer Stichel gleitet nicht über den Nagel, sondern „beißt“ sich fest. Der Stichel schneidet dann.

Zum Schluss noch ein Wort zur Stahlqualität von Sticheln: Am besten geeignet sind HSS-Stichel. Sie zeichnen sich durch besondere Schnitthaltigkeit und Elastizität aus. Bei weichen Materialien ist dieser Aspekt nicht wesentlich. Bearbeitet man aber härtere Materialien, ist das sehr wichtig, da man dadurch die Stichelkappe nicht so häufig nachschleifen muss. Bei langem und häufigem Gebrauch von Gravursticheln empfiehlt es sich, den gesamten Metallbereich außer der Spitze mit Klebeband (Malerkrepp) in einigen Bahnen zu umwickeln, da die Metallkanten sich sonst unangenehm in die Finger drücken.

3.6 Stahlpunzen und Gravierhammer

Ein Werkzeug für den fortgeschrittenen Scrimshaw-Graveur sind Metallpunzen. Sie eignen sich zum Einschlagen verschiedener Strukturen in die Materialoberfläche. Spitzpunze, Mattpunze, Perlpunze, Hohlperlpunze und Staubpunze sind die wichtigsten für diese Gravurtechnik geeigneten Vertreter aus der Punzenabteilung.

Metallpunzen werden von einigen Herstellern angeboten. Eine weitere Möglichkeit ist es, sich Punzen selbst herzustellen. Sich fertige Punzen zu kaufen und sie gegebenenfalls noch etwas umzuschleifen, erscheint mir am sinnvollsten. Auch hier gilt die Regel, sich das beste verfügbare Material (HSS) zu beschaffen.

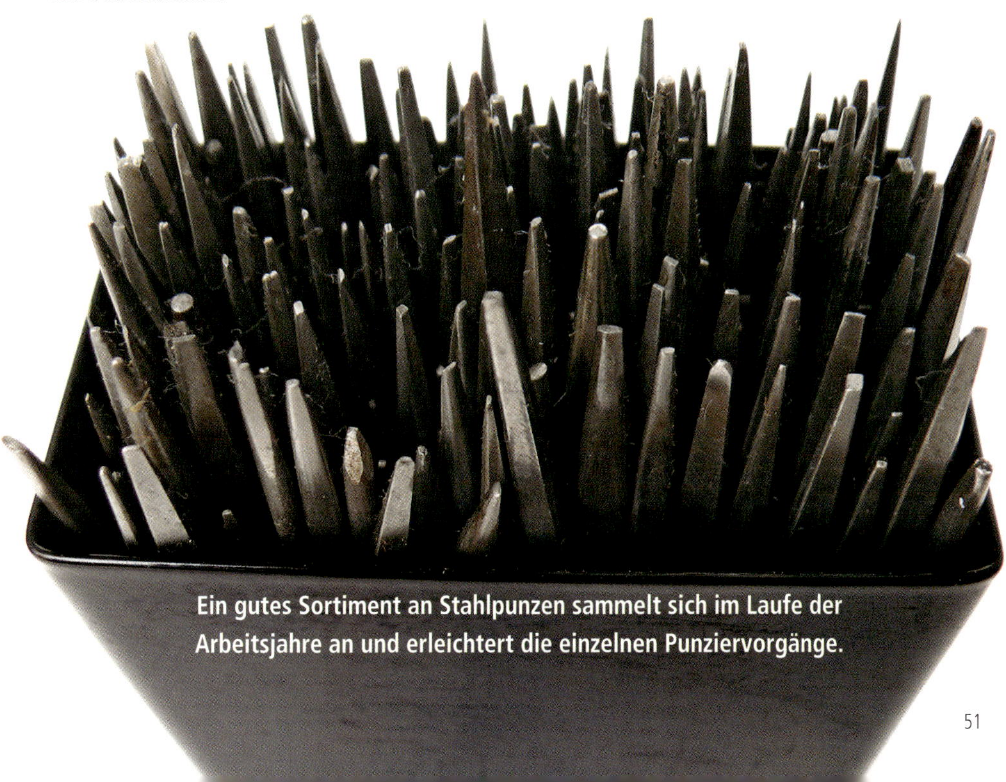

Ein gutes Sortiment an Stahlpunzen sammelt sich im Laufe der Arbeitsjahre an und erleichtert die einzelnen Punziervorgänge.

Gravierpunzen werden in einer großen Vielfalt von Punzenmustern, Punzenlängen und Durchmessern angeboten. Sich die gesamte Palette an Punzen zuzulegen, halte ich nicht für notwendig. Wichtig ist es, eine oder zwei Spitzpunzen mit unterschiedlichen Winkeln im Werkzeugkasten zu haben. Sehr praktisch sind auch Mattpunzen mit verschiedenen Rautenmustern, die sich sehr gut eignen, um verschiedene Hintergründe zu strukturieren und zu mattieren.

Zu den Gravierpunzen braucht man einen Gravierhammer. Auch hier bin ich der Meinung, dass ein im Fachhandel gekaufter Punzier- beziehungsweise Gravierhammer seine Dienste voll und ganz erfüllt. Ein leichter, kleiner Hammer und etwas schwereres, größeres Exemplar reichen aus. Auch hier mein Rat: Probieren Sie, wenn Sie die Möglichkeit haben, einige Hämmer aus. Wichtig ist, dass der Hammer gut in der Hand liegt.

3.7 Lupen und Mikroskope

Wer Scrimshaw-Gravuren anfertigen will, kommt am Thema Lupen und Mikroskope nicht vorbei. Mindestens eine gute Tischlupe sollte man in seinem Sortiment haben. Sinnvoll ist ein mindestens sechsfacher Vergrößerungsfaktor. Ideal ist eine fest installierte Tischlupe, die an einer entsprechenden Halterung befestigt ist. Achten Sie bei der Auswahl der Lupe auf Qualität und Markenprodukte. Nichts kann während der Arbeit mehr nerven als ein ständig wackelndes Lupen-Tischstativ. Lassen Sie sich von einem Fachhändler oder Optiker beraten. Testen Sie die Lupen Ihrer Wahl.

Eine andere Möglichkeit ist die Verwendung von Stirnlupen. Ich habe allerdings die Erfahrung gemacht, dass Stirnlupen nach einigen Stunden Arbeit zu stören beginnen. Aber auch das muss jeder für sich selber herausfinden.

Eine praktische Lösung ist die gelegentliche Verwendung von so genannten Fadenzählern. Diese kleinen Handlupen werden in der Druckindustrie verwendet, um feinste Details im Druck zu erkennen. Ich verwende diese Lupen gerne zwischendurch, zum Beispiel für sehr stark gewölbte Flächen. Ein kleiner Nachteil ist aber, dass man ständig eine Hand für das Halten der Lupe benötigt.

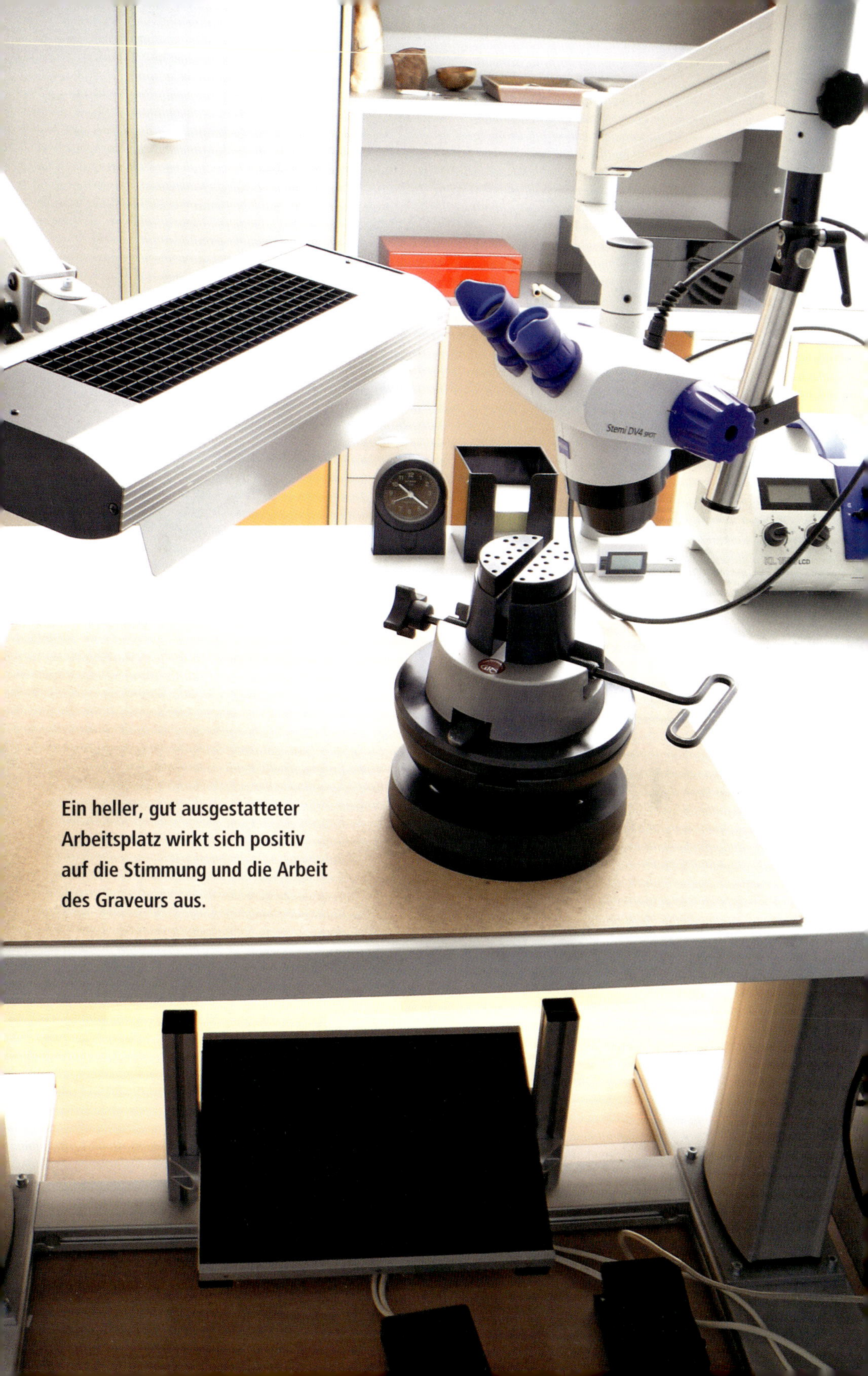

Ein heller, gut ausgestatteter Arbeitsplatz wirkt sich positiv auf die Stimmung und die Arbeit des Graveurs aus.

Für eine professionelle Arbeit mit Scrimshaw-Gravuren ist ein Mikroskop unerlässlich. Auch hier sollten Sie nicht an der Qualität sparen. Sie haben nur ein Paar Augen! Ich persönlich verwende ein Stereomikroskop der Marke Zeiss Stemi, mit entsprechendem Lichtapparat und Spezialhalterung. Spätestens nach einigen Stunden intensiver Arbeit merkt man deutlich den Unterschied zwischen gutem und mangelhaftem Equipment.

3.8 Lampen und Beleuchtung

Ein weiterer, sehr wichtiger Punkt Ihrer Ausrüstung ist die Beleuchtung am Arbeitsplatz. Ideal ist ein Arbeitsplatz mit viel Tageslicht. Indirektes Licht ist dabei vorzuziehen, also eine nicht direkt von der Sonne beschienene Arbeitsfläche. Zu viel direkte Sonne reflektiert zu stark an Ihrem Werkstück. Das tut den Augen nicht gut.

Nun zur technischen Beleuchtung: Verwenden Sie in jedem Fall Kaltlichtlampen. Ich schlage deshalb vor, an der Decke Neonröhren zu montieren. Optimal ist der Platz direkt über Ihrer Arbeitsfläche. Zusätzlich sind mindestens eine, besser zwei oder drei Lichtquellen auf Ihrer Arbeitsplatte sinnvoll. Diese sollte nicht fest montiert sein, um sie nach Wunsch verschieben und auszurichten zu können. Das hat mit den Reflexionen am Werkstück zu tun. Darauf gehe ich später noch ein.

3.9 Schleifmittel

Das Schleifen von Horn- und Beinmaterialien benötigt viel Sorgfalt, denn wir haben es hier mit Naturmaterialien zu tun, die teilweise Tausende von Jahren alt sind. Ich arbeite mit Schleifpapier in verschiedenen Körnungen von 240, 400 und 600 bis 1200. Am schnellsten geht es, wenn Sie mit einem Bandschleifer vorarbeiten (mit Absaugvorrichtung, denn der Schleifstaub kann gesundheitsschädlich sein). Dann geht es weiter in verschiedenen Arbeitschritten bis hin zum 1200er Papier. Empfehlenswert – gerade bei nicht planen Oberflächen – ist das Abreiben nach dem 1200er Papier mit 00/00-Stahlwolle, die mit etwas Schleiföl getränkt werden kann.

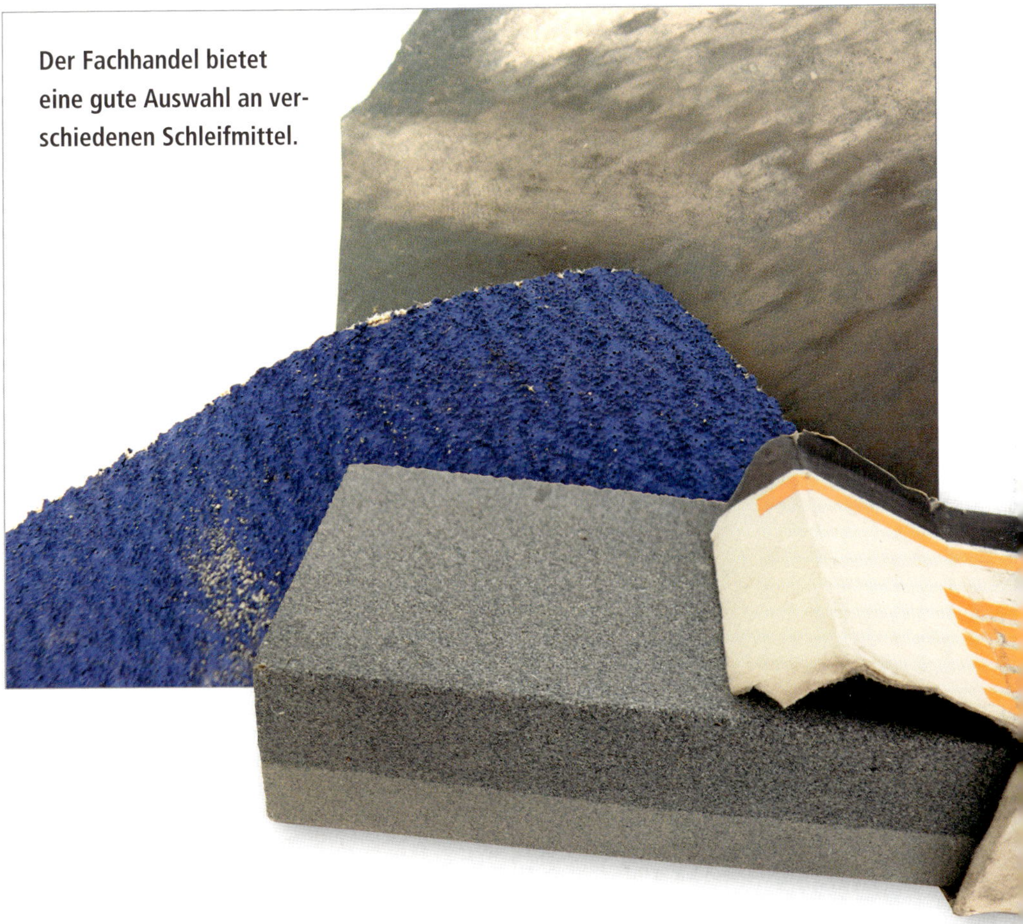

Der Fachhandel bietet eine gute Auswahl an verschiedenen Schleifmittel.

Nach dem Schleifen ist das gründliche Säubern der geschliffenen Oberfläche angesagt, idealerweise mit Pressluft, oder mit einer weichen Bürste aus Tierhaar. Die Oberfläche muss sauber sein, bevor poliert wird.

3.10 Poliermittel

Grundlage jeder Scrimshaw-Gravur ist eine perfekt vorbereitete Oberfläche. Dazu gehört das saubere Polieren. Es gibt prinzipiell zwei Möglichkeiten der Politur: die Handpolitur oder alternativ die Politur mit entsprechenden Maschinen.

Beginnen wir mit der Handpolitur: Besorgen Sie sich dazu einen sehr weichen Baumwolllappen. Mischgewebe eignen sich weniger, weil sie das Material leicht aufrauen können. Das sieht man zum Beispiel bei Mammutelfenbein spätestens unter der Vergrößerung beim Graviervorgang. Achten Sie auch darauf, dass der Baumwollstoff sauber ist und keine Staubpartikel oder gar Metallspäne der Stahlwolle enthält.

Als Poliermittel für die Handpolitur kommen mehrere Produkte in Frage. Ich habe sehr gute Erfahrungen mit Acrylpolierpasten und Kunststoffpolierpasten gemacht. In Frage kommen auch verschiedene Lackpolierpasten und Poliermittel aus der Autolackpflege.

Vor dem eigentlichen Poliervorgang sollte die Materialoberfläche noch einmal gründlich mit Aceton gereinigt werden, um alle Fette und feinen Schleif- oder Metallpartikel zu entfernen. Dann bringen Sie etwas von der Polierpaste auf den Baumwolllappen auf. Reiben Sie in gleichmäßigen Bewegungen über das Werkstück – am besten im ersten Arbeitsvorgang in Längsrichtung und im zweiten in Querrichtung.

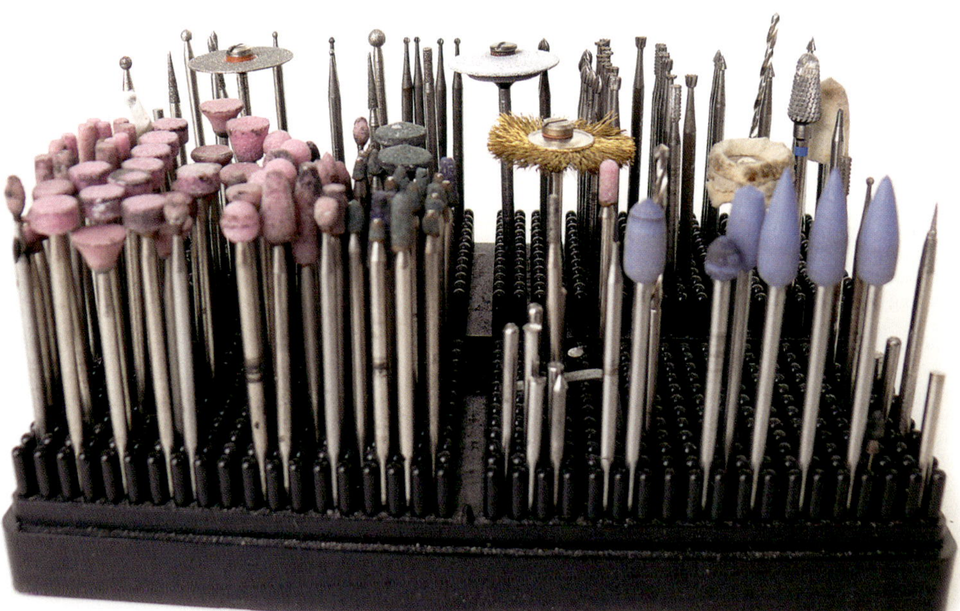

Verschiedenste Schleifer, Fräser und Polierwerkzeuge für Mikromotor-getriebene Handstücke (Dremel) erleichtern die Arbeit erheblich.

Wenn Sie entsprechend sauber vorgeschliffen haben, sollte sich jetzt ein Hochglanz einstellen. Je nach Größe und Beschaffenheit des Materials kann dieser Arbeitsschritt einige Minuten oder länger dauern. Zum Abschluss werden die Reste der Politur noch mit einem sauberen weichen Baumwolltuch entfernt. Dazu eignen sich sehr gut imprägnierte Schmuckpoliertücher.

Die Methode der Handpolitur eignet sich besonders für kleinere Objekte. Für den Einsteiger empfehle ich diese Methode schon allein deshalb, weil man dazu keine Maschinen braucht. Außerdem finde ich, dass es macht Spaß zu sehen, wie das Material sich unter den eigenen Händen verändert und zu glänzen beginnt.

Für eine Maschinenpolitur muss natürlich eine Poliermaschine vorhanden sein. An einer solchen Maschine können verschiedene Stoff- und Gewebescheiben montiert werden. Als Poliermittel werden unterschiedliche Pasten verwendet. Ich nehme hauptsächlich handelsübliche Polierwachse, die in Blockform erhältlich sind.

Das Polierwachs wird auf die rotierende Gewebescheibe aufgetragen. Dabei wird das Wachs mit sanftem Druck gegen die Scheibe gehalten. So wird das Polierwachs von der Scheibe gleichmäßig aufgenommen. Wichtig ist es, bei allen Arbeiten an der Poliermaschine eine Schutzbrille zu tragen.

Nun wird das Werkstück – vorsichtig in beiden Händen fest gehalten – an die sich drehende Polierscheibe herangeführt und unter sanftem Druck gegen die Scheibe hin und her bewegt. Je nach Größe und Material des Werkstücks muss zwischendurch noch einmal Polierwachs auf die Scheibe gebracht werden.

Bei dieser Poliermethode ist darauf zu achten, dass das Werkstück nicht zu heiß wird, da es sonst schnell zur Bildung von Spannungsrissen kommen kann. Achten Sie auch darauf, dass Ihnen das Material nicht „verbrennt“. Das kann passieren, wenn man mit zu starkem Druck zu lange an einer Stelle poliert.

Am Ende des Poliervorgangs steht auch hier wieder die Reinigung von Polierrückständen mit sauberen, weichen Baumwolltüchern. Zur Kontrolle halte ich das Werkstück immer noch unter eine Kaltlichtquelle. Hier kann man Unebenheiten oder matte, nicht sauber polierte Stellen gut erkennen.

3.11 Spannwerkzeuge

Statt das Werkstück mit der bloßen Hand festzuhalten, empfiehlt es sich, es in einer passenden Vorrichtung festzuklemmen. Eine Möglichkeit dazu bieten die vielen im Werkzeughandel angebotenen Schraubstöcke. Die auf einem Kugelgelenk nach allen Seiten drehbaren und schwenkbaren Feinmechaniker-Schraubstöcke besitzen meist Backen mit Schutzüberzug für empfindliche Werkstücke. Sie sind leicht an verschiedenen Arbeitsplatten zu montieren. Damit kann man ein Werkstück sicher befestigen und in die jeweils optimale Position drehen.

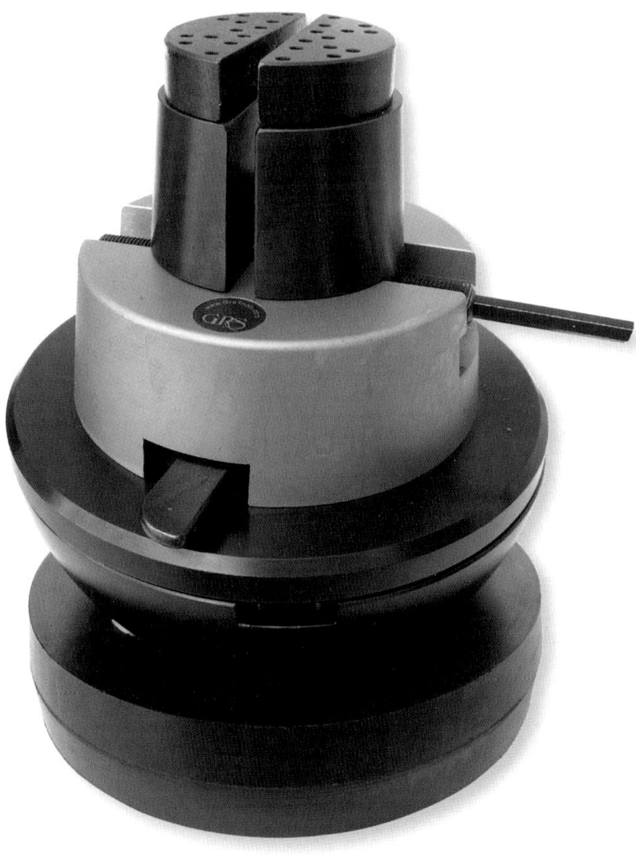

Bei der Anschaffung einer Gravierkugel sollte nicht an der Qualität gespart werden. Achten Sie auf solide Verarbeitung und nachrüstbares Zubehör.

Ein Tipp: Schneiden Sie sich kleine Rechtecke aus dickem Rindleder zu, die Sie als zusätzlichen Schutz vor Druckstellen mit doppelseitigem Klebeband an den Spannbacken befestigen.

Wer regelmäßig Scrimshaw-Gravuren machen will, sollte über die Anschaffung einer sogenannten Gravierkugel nachdenken. Eine Gravierkugel besteht im wesentlichen aus einer massiven Stahlkugel, die durch ein innenliegendes Kugellager drehbar ist. Die Kugel ist in einem Leder- oder Kunststoffring gelagert, so dass sie in alle Richtungen schwenkbar ist. Werkstücke können optimal zwischen den Backen eingespannt werden, die sich auf der Kugel befinden.

Ich selbst verwende seit über 20 Jahren Gravierkugeln. Der Zeitvorteil ist enorm. Man kann das Werkstück wirklich blitzschnell in jede Position dre-

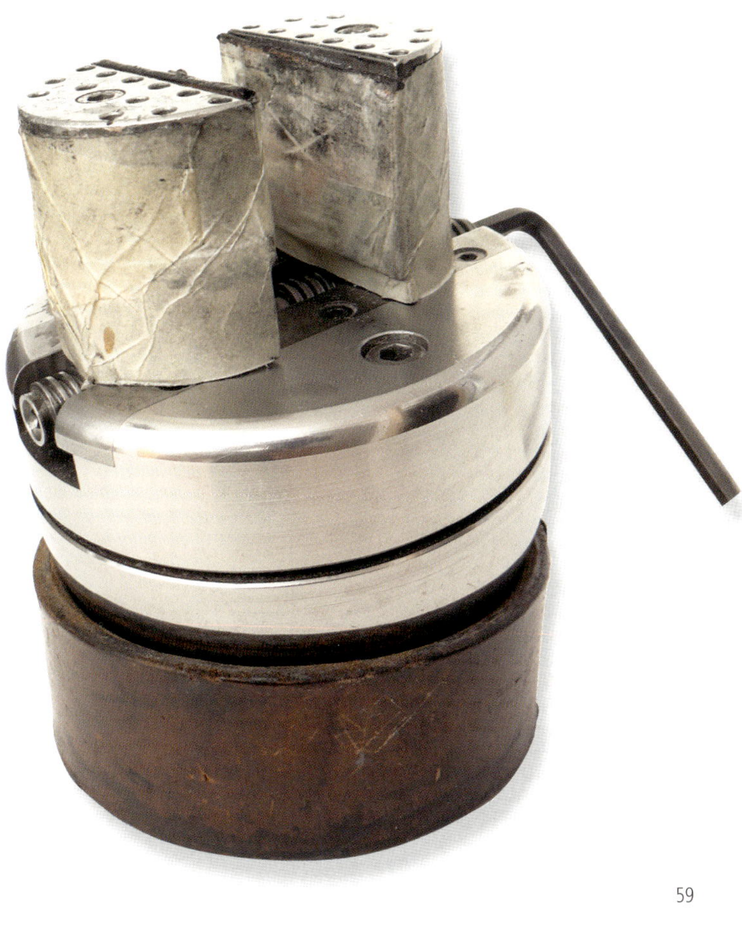

Diese handgefertigte Gravierkugel ist kugelgelagert und hat deshalb einen besonders leichten Lauf in der Drehbewegung. Beim Gravieren kleiner Kurven und Radien ist das ein Vorteil.

hen und wenden, je nach Bedarf. Nichts wackelt oder vibriert bei der Bearbeitung.

3.12 Farben

Ein wichtiges Thema sind die Farben. Meistens wird in der Scrimshaw-Gravur Tusche verwendet. Gängig sind auch Ölfarben, Acrylfarben, Linoldruckfarben sowie Druckerfarben. Die Wahl der Farben hängt von der Art der Gravur und dem Künstler ab. Farben können eher dünnflüssig wie verschiedene Tuschen, aber auch in ihrer Beschaffenheit wie Pasten sein.

Bei der Auswahl der Farbe kommt es auch darauf an, was erreicht werden soll. Es gibt Farben, die lasierender sind, andere decken besser. Lasierende Farben sind nicht absolut deckend. Die schon eingefärbten Schichten schimmern durch die neu aufgetragenen Farbschichten durch. Ich setze diesen Effekt gern ein, wenn das Grundmaterial, das ich bearbeite, eine natürliche Braunfärbung hat und ich mit Sepia-Farben (Brauntönen) und herkömmlichem Schwarz arbeite. Ich erreiche dadurch Abstufungen zwischen Dunkelbraun und Schwarz.

Durch das häufigere Auftragen von „lasierendem" Schwarz schafft man weichere Übergänge, da eben immer noch etwas vom Sepia-Braun durchschimmert und die Farbe erst allmählich ins Schwarz übergeht.

Lasierende Farben trocknen meist etwas langsamer. Deshalb sollte bei solchen Einfärbevorgängen immer etwas mehr Zeit zum Zwischentrocknen eingerechnet werden.

Wenn ich eine Scrimshaw-Arbeit so aufbaue, dass ich mein Motiv in verschiedenen „Schichten" überarbeite, dann liegt die Verwendung von lasierenden Farben nahe. Bei sehr kontrastreichen Motiven sind extrem gut deckende Farben angebracht. Pastenartige und „breiige" Farben decken in der Regel besser als dünnflüssige Farben. Achten Sie auch darauf, dass die Farbe Ihrer Wahl nicht zu ölhaltig ist. Aus meiner Erfahrung haften ölhaltige Farben nicht gut und trocknen sehr langsam.

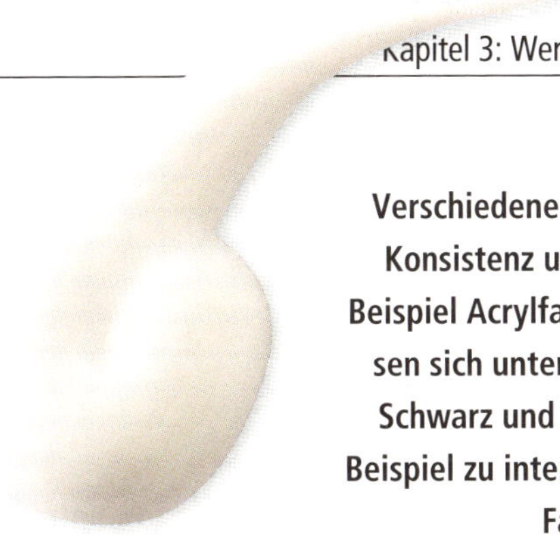

Verschiedene Farbtöne von pastenartiger Konsistenz und gleicher Produktart (zum Beispiel Acrylfarben oder Druckfarben) lassen sich untereinander auch gut mischen. Schwarz und Hellbeige können dann zum Beispiel zu interessanten Braun- und Sepia-Farbtönen vermischt werden.

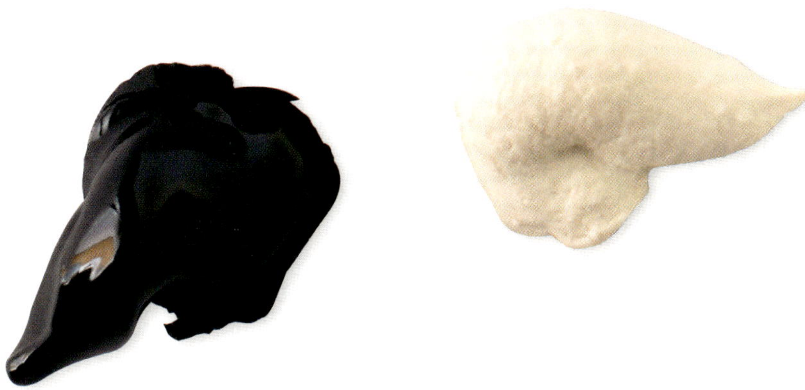

Ein Besuch in einem Fachgeschäft für Künstlerbedarf lohnt sich. Suchen Sie sich einige Farben aus, die Sie dann später an Probestücken testen.

3.12.1 Kalligrafentusche

Hier handelt es sich um eine sehr dickflüssige, pastenartige Tusche. Getrocknet ist sie lichtecht und wasserfest. Kombiniert mit anderen schwarzen Tuschen können sehr schöne Matt-Glanzeffekte erzielt werden.

3.12.2 Chinatusche

Diese schwarze Zeichentusche wird aus Lackgummi und Kohlenschwärze hergestellt. Diese Zusammensetzung gibt ihr große Tontiefe. Die chinesische Tusche ist wasserfest, lichtecht, ergiebig und fließt gut.Unverdünnt verwendet ist die Tusche tiefschwarz. Verdünnt und mit Pinsel aufgetragen ermöglicht sie abgestufte Grautöne.

3.12.3 Lithotusche

Diese sehr bewährte Tusche ist wachsartig und dickcremig. Dank der sehr fein gemahlenen Konsistenz ist sie gut zu verarbeiten. Sie lässt sich mit Wattestäbchen oder einem Baumwolltuch sehr gut in die gravierten Linien reiben. Vor der Verarbeitung wird der Tusche zum Aufweichen, je nach gewünschter Konsistenz, eine kleine Menge warmes Wasser hinzugegeben. Das hat den Vorteil, dass man sich je nach Linientiefe und Motiv seine spezifische „Mischung“ erstellen kann.

3.12.4 Ausziehtusche

Ausziehtusche ist vielseitig einsetzbar. Unverdünnt sind die Farben deckend. Sie lassen sich mit Wasser gut verdünnen und sind daher bestens geeignet für partielle Einfärbearbeiten mit dem Pinsel.

3.12.5 Schellacktusche

Der hohe Farbanteil in Verbindung mit Schellack verleiht den Farben eine besondere Farbbrillanz und einzigartige Leuchtkraft. Mit Pinsel eingefärbt ergeben sie je nach aufgetragener Tintenmenge eine satinierte bis glänzende Oberfläche. Sie trocknen schnell und sind sehr wasserfest. Schellacktusche lässt sich auch mit Acrylfarben oder anderen Farben kombinieren.

In Farbmischexperimenten habe ich Schellacktusche schon mit schwarzen Farbpigmenten verdickt. Der dadurch entstandene Brei lässt sich hervorragend in die Gravurstrukturen einreiben.

3.12.6 Airbrushfarbe

Airbrushfarben sind feinst pigmentiert und hoch lichtecht. Mit einem wasserverdünnbaren Acrylbindemittel trocknen sie rasch und sind dann wasserfest.

In dünnen Schichten aufgetragen, kann man sie lasierend einsetzen. Mit zunehmender Schichtdicke wird Airbrushfarbe deckender. Normalerweise wird diese Farbe unverdünnt verarbeitet. Man kann sie aber problemlos noch mit bis zu zwei Teilen Wasser verdünnen.

3.12.7 Linoldruckfarbe

Linoldruckfarben eignen sich hervorragend für das Einfärben von Gravurstrukturen, die mehrmals überfärbt, also „lasiert“ werden. Mit entsprechenden Lasurmitteln kann die Farbe zusätzlich verdünnt werden. Der Nachteil von verdünnten Linolfarben sind die langen Trocknungszeiten. Da diese Farben wasserlöslich bleiben, eignen sie sich auch nicht für Scrimshaw-Gravuren an Messergriffen und anderen Objekten, die öfter angefasst werden.

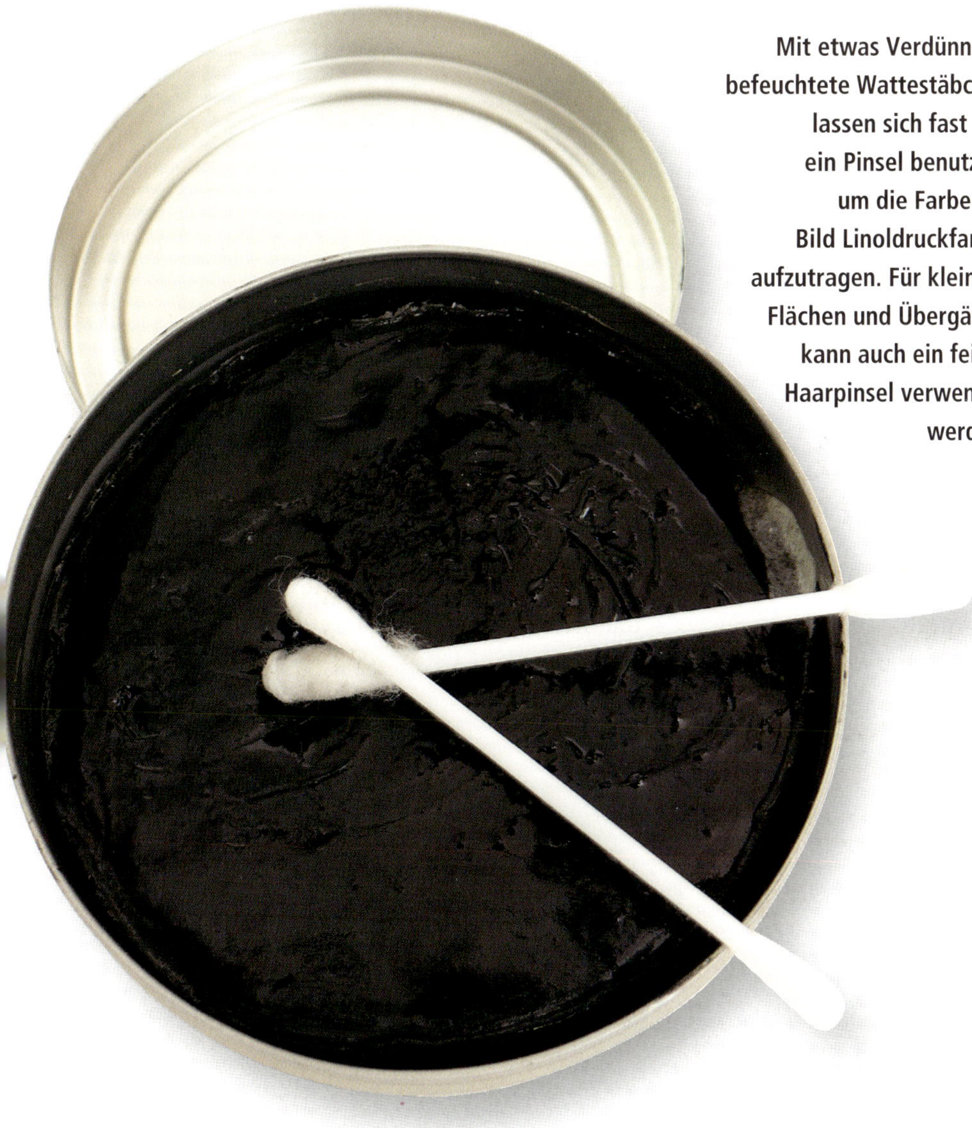

Mit etwas Verdünnung befeuchtete Wattestäbchen lassen sich fast wie ein Pinsel benutzen, um die Farbe (im Bild Linoldruckfarbe) aufzutragen. Für kleinere Flächen und Übergänge kann auch ein feiner Haarpinsel verwendet werden.

Die Auswahl an Acrylfarben ist groß. Deshalb ist es auch hier sinnvoll, verschiedene Farben von unterschiedlichen Herstellern auszuprobieren. Auch das Mischen und Verdünnen zu Testzwecken ist ratsam. Zeigen Sie sich dabei ruhig experimentierfreudig. Es ist immer wieder erstaunlich, welche neuen Effekte auf diese Weise erzielt werden können.

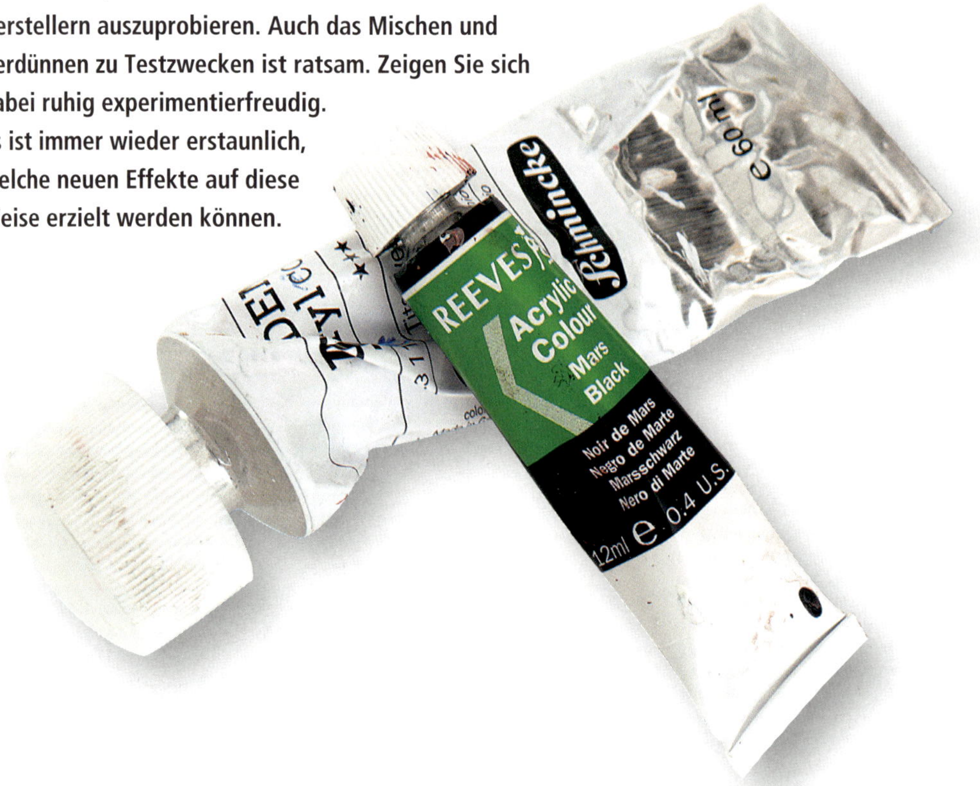

3.12.8 Acrylfarbe

Die getrocknete Farbschicht ist elastisch hart, hervorragend haftfest und alterungsbeständig. Acrylfarbe ist hoch konzentriert pastenartig und mit Wasser verdünnbar. Der Nachteil ist allerdings, dass sie sehr schnell trocknet. Deshalb ist zügiges Verarbeiten angesagt.

3.12.9 Ölfarbe

Hochwertige Studienölfarben besitzen eine sehr gute Lichtbeständigkeit. Die Konsistenz ist je nach Zusatz von Malmittel und Trocknungsbeschleuniger dünnflüssig bis pastenartig. Der Vorteil ist, dass man in verschiedenen Lasurschichten arbeiten kann. Nachteilig sind die weniger guten Abriebeigenschaften und je nach Mischung die lange Trocknungszeit.

3.12.10 Druckfarbe

Druckfarben verfügen über einen hohen Pigmentgehalt und dadurch über eine ausgezeichnete Deckkraft. Je nach Viskosität und verwendetem Pigment lassen sich Druckfarben mehr oder weniger gut verwischen. Gewisse Schwarztöne sind aufgrund ihres hohen Viskositätswerts schwer zu wischen. Um eine bessere Wischbarkeit zu erzielen, kann der Farbe etwas Leinöl beigemischt werden, bevor sie in die Gravurlinien eingerieben wird. Sollte die Farbe zu dünnflüssig sein, kann man sie durch Hinzufügen von Transparentweiß eindicken.

Nachdem Druckfarbe trocken ist, weist sie eine gute Abriebfestigkeit auf. Allerdings kann der Trocknungsvorgang bis zu zwei Wochen dauern.

Druckerfarben werden in unterschiedlichen Farbtönen angeboten, die zu neuen Tönen gemischt werden können. Aus Rot und Schwarz können interessante Sepiatöne entstehen, die zum Einfärben von Motiven auf bräunlichen Grundmaterialien verwendet werden können. Übergänge von poliertem, bräunlichem Mammutelfenbein in gepunktete Gravurstrukturen lassen sich mit solchen Farbmixturen sehr gut erzielen.

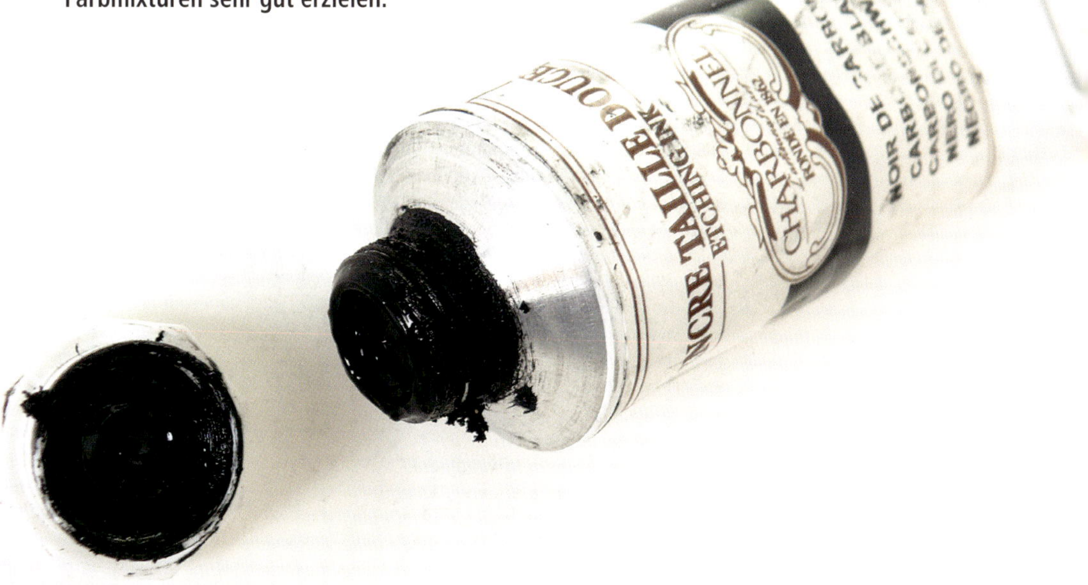

ARBEITSTECHNIKEN

4.1 Richtige Motivwahl

Die Motivwahl ist ein sehr komplexes Thema. Welches Motiv auf welches Objekt passt, hängt von unzähligen Faktoren ab und nicht zuletzt vom Geschmack des Künstlers oder des Auftraggebers. Einige Grundregeln sollten aber beachtet werden:

1. Die Scrimshaw-Gravur sollte auf jeden Fall an den Charakter des Objekts angepasst werden. Auf den Griff eines Bowiemessers zum Beispiel passen ausgezeichnet Bären, Indianer oder Elche. Eine gravierte Szene aus dem 30-jährigen Krieg wäre hier eher fehl am Platze.

2. Wählen Sie den Aufwand einer Scrimshaw-Gravur so, dass er dem Wert des Gegenstands angemessen ist. Es wäre schade, Hunderte von Stunden an Gravurarbeit zu investieren, wenn das Messer, das Sie gravieren, nur 20 Euro wert ist.

3. Gestalten Sie den Entwurf Ihres Motivs so, dass er zur Form des Objekts passt. Objekt und Scrimshaw sollten eine „Einheit" bilden und sich idealerweise ergänzen.

4. Wenn Sie eine besonders schön gemaserte Materialoberfläche haben, zum Beispiel bei Mammutelfenbein, dann versuchen Sie, diese Maserung in Ihre Motivwahl mit einzubeziehen.

5. Weniger kann mehr sein: Bei manchen Objekten wie zum Beispiel einem Messer mit sehr lebhafter Damaszierung ist zu überlegen, ob man den Griff zu sehr mit einer Scrimshaw-Gravur füllen soll. Es könnte schnell ein „Überfüllen" daraus werden.

6. Gravieren Sie die Motive, die Ihnen liegen. Wer zum Beispiel besonders gerne Ornamente entwirft und sich damit schon längere Zeit intensiv befasst hat, sollte diese Stärke nutzen. Man wird das mit Sicherheit in der

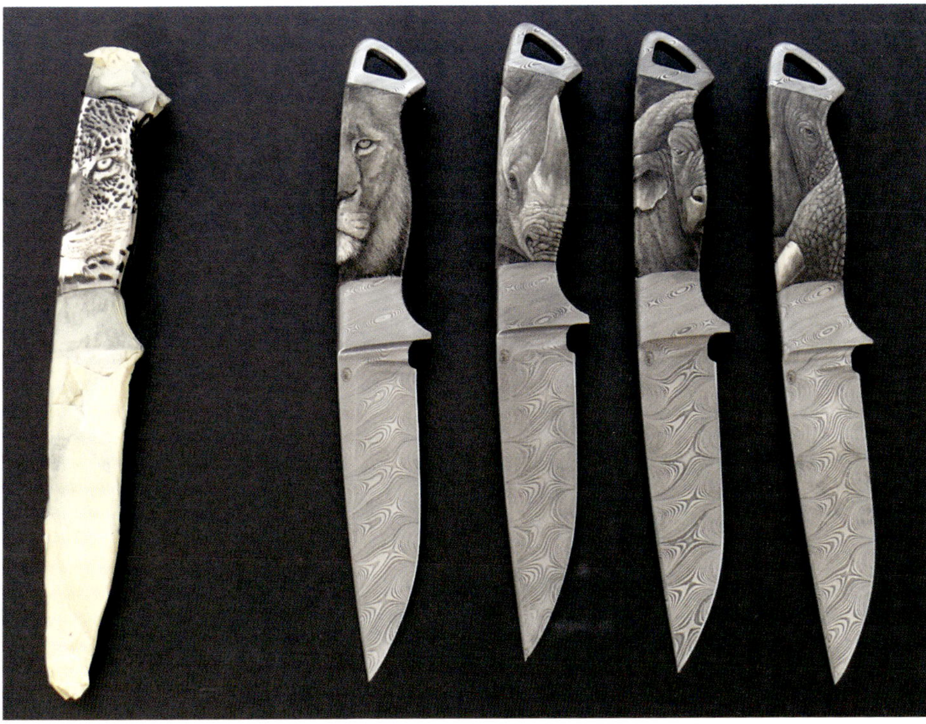

Das Einarbeiten von Motiven in die Flächen und Objekte benötigt viel Planung und Fingerspitzengefühl. Bei einer Messerserie sollten die einzelnen Motive zueinander passend ausgewählt werden.

Qualität der Arbeit sehen. Dinge, die einem im wahrsten Sinn des Wortes „gegen den Strich" gehen, sollte man auch nicht in Erwägung ziehen.

7. Nehmen Sie das Objekt, das graviert werden soll, öfter zur Hand. Stellen Sie es irgendwohin, wo Sie es mehrmals täglich „im Vorbeigehen" sehen. Werfen Sie immer wieder mal einen flüchtigen Blick darauf. Sie werden sich wundern, welche „Gedankenblitze" und Einfälle Sie spontan zu Ihrer Motivwahl haben.

8. Bedenken Sie bei Ihrer Motivwahl immer, dass Sie das Motiv auch gravurtechnisch umsetzen müssen. Gehen Sie in Gedanken das Motiv Stück für Stück durch und überlegen Sie, in welcher Technik Sie die einzelnen Passagen ausführen können.

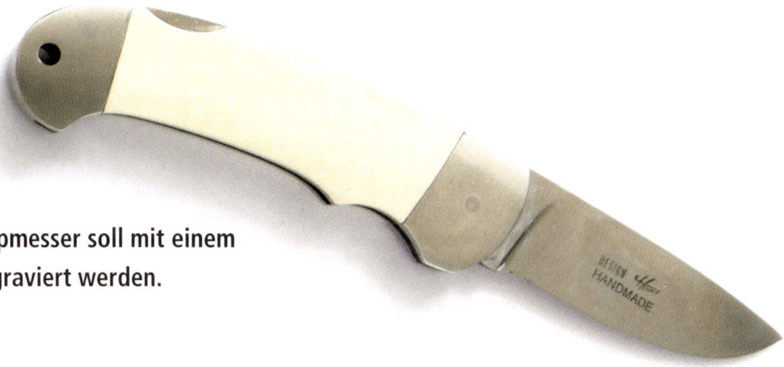

Dieses Klappmesser soll mit einem Jagdmotiv graviert werden.

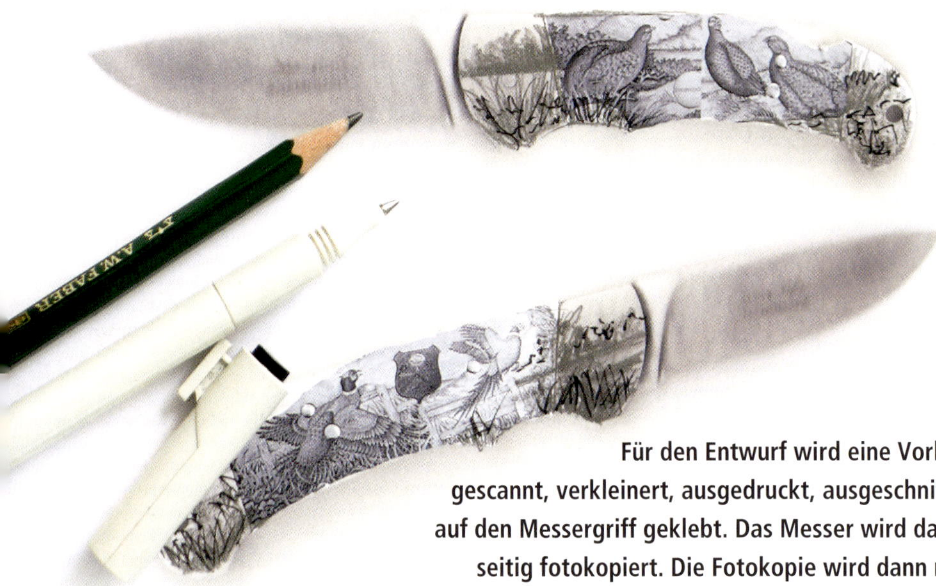

Für den Entwurf wird eine Vorlage eingescannt, verkleinert, ausgedruckt, ausgeschnitten und auf den Messergriff geklebt. Das Messer wird dann beidseitig fotokopiert. Die Fotokopie wird dann noch mit Bleistift und Filzstift überarbeitet. Dabei werden Kontraste und Konturen hervorgehoben. Diese Vorlage wird auf das Griffmaterial übertragen. Zudem dient diese Vorlage dem laufenden Abgleich während der Arbeit.

4.2 Entwurf ausarbeiten

Es gibt viele Methoden, einen Entwurf auszuarbeiten. Letztendlich hängt die Art der Ausarbeitung vom künstlerischen Geschick des Graveurs ab. Ich möchte hier anhand eines Beispiels einen gängigen Weg beschreiben. Wir bereiten dabei den Entwurf einer Scrimshaw-Gravur für einen Messergriff vor.

Zu erst benötigen wir die Konturen des Messergriffs, idealerweise vergrößert. Ich fotokopiere das Messer zu diesem Zweck, oder ich scanne es ein. Dann vergrößere ich es im Grafikprogramm meines PCs und drucke es entsprechend vergrößert aus.

Nun habe ich die maßstabsgetreue Vergrößerung und kann damit beginnen, das Motiv aufzubringen. In meinen Entwürfen versuche ich schon zu Beginn, die Rand- und Konturlinien hervorzuheben. Manchmal füge ich auch Kopien von Fotos ein, die ich hinterher mit Bleistiftlinien ergänze und überarbeite. So entstehen manchmal „Kollagen", die auf meinen Ideen basieren.

Es ist für den Anfänger wichtig, schon zu Beginn einen möglichst genau definierten Entwurf zu erstellen, da das die spätere Scrimshaw-Gravur wesentlich erleichtert.

4.3 Materialtest

Bevor Sie nun an das Aufzeichnen und Gravieren gehen, sollten Sie das zu gravierende Material testen. Bei einem Messergriff wäre es ideal, ein anpoliertes Abfallstück des Griffmaterials zu haben. Mammutelfenbein ist nicht gleich Mammutelfenbein. Jedes Material verhält sich anders. Manchmal gibt es Maserungen und Faserverläufe, die zu beachten sind. Materialien können Hohlräume aufweisen und eine „schwammige" Oberfläche haben. Selbst wenn ein polierter Rinderknochen glatt aussieht, muss er deshalb noch lange nicht dicht genug sein, um ihn gravieren zu können. Gravierte Linien können dann einbrechen oder ausfransen.

Sie sollten das Material auch vor dem Gravieren testweise einfärben. Dabei können Sie feststellen, ob die Materialoberfläche Farbe aufnimmt oder nicht. Ein Probefärben der ersten Gravurstrukturen ist auch sinnvoll. Nicht jedes Material nimmt die Farbe gleich auf. Manche Oberflächen wollen tiefer graviert werden, andere nehmen die Farbe schon bei leichten Vertiefungen gut auf. Im Laufe der Zeit entwickeln Sie, basierend auf der Erfahrung, ein Gespür dafür.

4.4 Aufzeichnen und Transfer von Motiven

Es gibt verschiedene Methoden, um ein Motiv auf das Werkstück zu bringen. Ich möchte nachfolgend auf die gängigsten Wege eingehen.

4.4.1 Stipping-Methode

Nach dem Sie Ihren Entwurf ausgearbeitet haben, bringen sie diesen mit Hilfe eines Kopiergeräts oder PCs (eingescannt) in die Größe, in der er hinterher graviert werden soll. Drucken oder kopieren Sie den Entwurf auf ein möglichst dünnes Papier, und schneiden Sie das Stück Papier mit Schere oder Cutter in die entsprechende Größe.

Besprühen Sie im nächsten Schritt die Rückseite des Papiers mit einem Sprühkleber. Achten Sie dabei darauf, nicht zu viel Kleber zu verwenden. Fixieren Sie damit den Entwurf am Werkstück so, dass er fest sitzt.

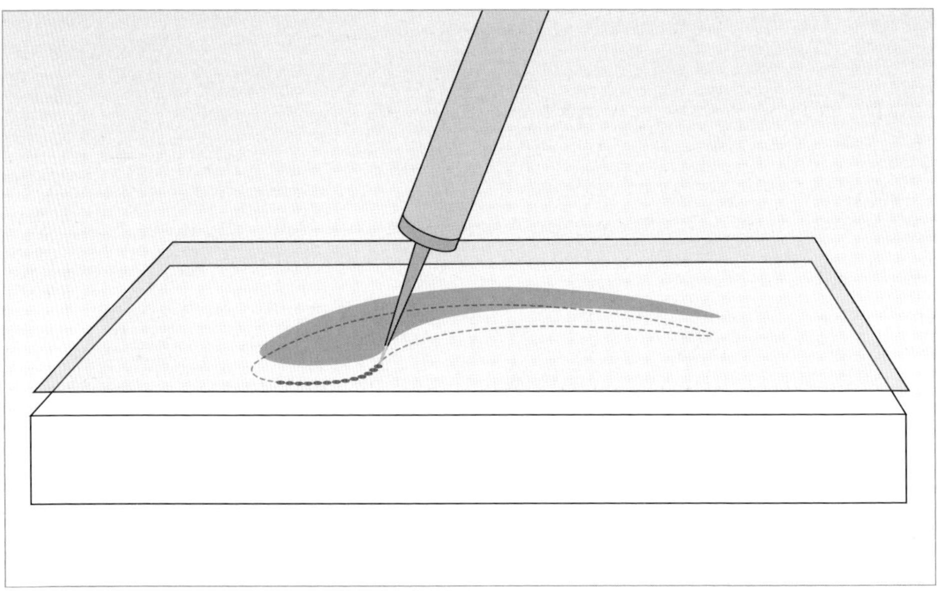

Eine Transparentfolie oder Transparentpapier mit aufgezeichneter Motiv-Vorlage wird auf das Werkstück aufgelegt und positioniert. Die Konturen des Motivs werden mit spitzer Nadel durchgestochen. Nach dem Entfernen der Folie sind die eingestochenen Punkte an der polierten Materialoberfläche sichtbar.

Jetzt benötigen Sie eine möglichst spitze und extrem dünn ausgeschliffene Nadel. Drücken Sie vorsichtig Punkt für Punkt der Konturen und der wichtigen Hilfslinien durch das Papier. Setzen Sie die Punkte dabei sehr dicht aneinander. Das erfordert neben etwas Übung – am besten vorher auf einem „Testmaterial" ausprobieren – auch eine Lupe oder ein Mikroskop.

Ziehen Sie danach das Papier vorsichtig ab. Kleber und Papierreste kann man leicht mit etwas Verdünnung entfernen. Nun sollte Ihr Entwurf in Form der Konturlinien in kleinen Punkten aufgerastert in der Materialoberfläche zu sehen sein. Das Resultat hängt natürlich von der Sorgfalt der Umsetzung ab. Jetzt kann die Oberfläche zur Probe eingefärbt werden. Spätestens danach sollte Ihr Entwurf gut zu sehen sein.

Die Stipping-Methode eignet sich besonders für dichte, hochglanzpolierte Oberflächen. Weniger gut funktioniert sie bei sehr porösen Materialoberflächen, da sich durch das Papier schwer abschätzen lässt, wie die Nadel im Material „greift".

4.4.2 Aufpaus-Methode

Wer schon einmal versucht hat, auf der hochglanzpolierten Oberfläche von Mammutelfenbein zu zeichnen, wird schnell gemerkt haben, dass dies schier unmöglich ist. Der Bleistiftstrich ist wegen der Lichtreflexionen kaum zu sehen. Deshalb beschichten wir die Oberfläche zunächst einmal mit Deckweiß.

Drücken Sie einfach einen Tropfen Deckweiß aus der Tube auf die Oberfläche. Dann nehmen Sie einen dickeren Haarpinsel, den Sie mit Wasser befeuchtet haben, und pinseln einen feinen Film Deckweiß gleichmäßig über die ganze Gravurfläche. Wichtig ist das saubere Verteilen der Schicht. Je weniger Unebenheiten, umso besser gelingt hinterher der Motivtransfer. Das Deckweiß trocknet in der Regel in wenigen Minuten. Achten Sie darauf, dass es wirklich trocken ist!

Nehmen Sie nun Ihren Entwurf zur Hand. Wichtig ist es, den Entwurf im Verhältnis 1:1 zur Umsetzungsgröße zu haben. Achten Sie darauf, dass jeder Millimeter passt! Legen Sie ein Stück Transparentpapier über das Motiv. Das Transparentpapier sollte gut „durchsehbar" sein und nicht zu dick aufal-

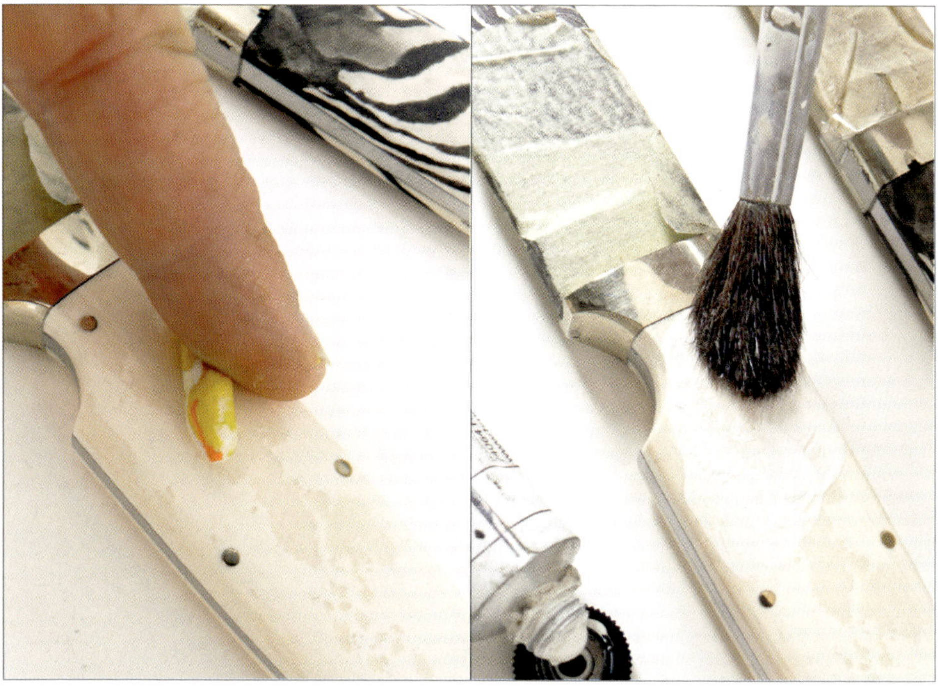

Der Abrieb der Plastilin-Knetmasse mattiert die polierten Materialoberflächen, so dass man mit dem Bleistift vorzeichnen kann. Einen noch besseren Grundiereffekt erzielt man mit dem Aufbringen von Deckweiß. Das Vorzeichnen ist dann fast wie auf Papier möglich.

len. Fixieren Sie das Transparentpapier am besten an den beiden oberen Ecken über Ihrem Entwurf. Achten Sie darauf, dass es den ganzen Entwurf vollständig abdeckt. Es sollte ein wenig darüber hinausragen.

Nun zeichnen Sie die Konturen und einzelnen Hilfslinien Ihres Entwurfs Schritt für Schritt auf dem Transparentpapier nach. Verwenden Sie dazu einen sehr harten Druckbleistift mit 0,3-mm-Mine. Eine harte Mine ermöglicht es Ihnen, fein zu arbeiten. Spitzen Sie die Bleistiftmine möglichst oft nach. Sehr gut bewährt hat sich dazu ein abgenutztes Schleifpapier mit 1200er Körnung, an dem man die Mine hervorragend abziehen kann.

Je mehr Hilfslinien Sie auf die Transparentfolie aufbringen, um so einfacher haben Sie es später bei der Umsetzung der Gravur. Im nächsten Schritt dre-

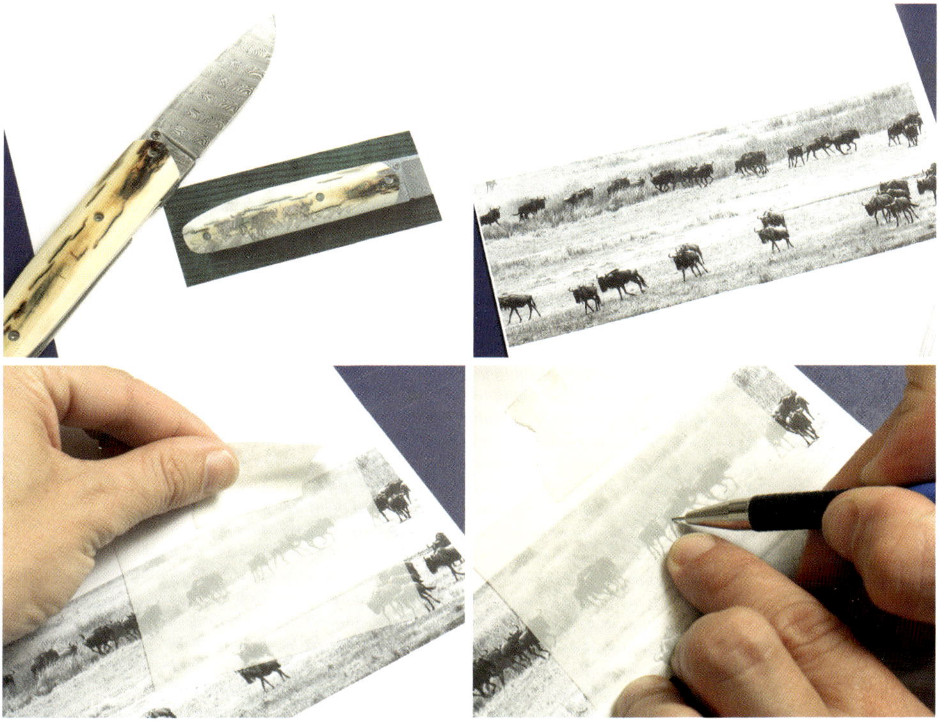

Die Konturen des Motivs werden mit einem Bleistift auf Transparentpapier übertragen. Fixieren Sie dabei das Papier gut mit Klebeband, damit es nicht verrutschen kann.

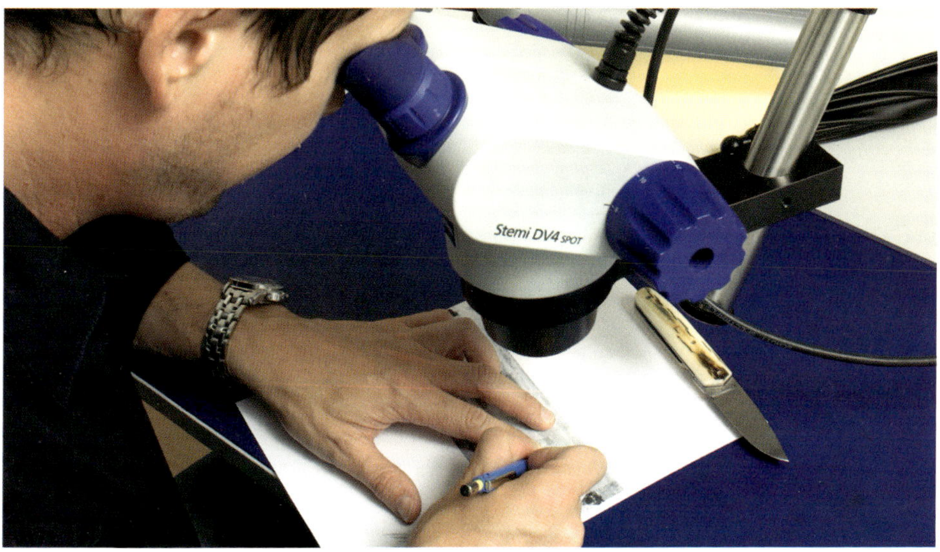

Bei feinen Konturen wird unter der Lupe oder dem Mikroskop vorgezeichnet.

hen Sie das Transparentpapier mit den vollständig aufgezeichneten Hilfslinien um. Fahren Sie alle Linien noch mal auf der Rückseite – also spiegelverkehrt – nach. Dabei dürfen Sie keine Linie vergessen, also auch hier bitte große Sorgfalt walten lassen und immer wieder nachkontrollieren!

Dann kann die „Konturenschablone" auf dem Werkstück fixiert werden. Richten Sie das Transparentpapier sorgfältig aus. Jetzt kommt es wirklich darauf an, dass alles richtig platziert wird und nicht schräg oder aus der Mitte. Fixieren Sie Ihre Schablone an den Randbereichen mit Klebeband. Malerkrepp ist empfehlenswert, da es gut hält und keine Kleberückstände hinterlässt. Fixieren Sie die Schablone so, dass man sie von einer Seite her hochklappen kann, um später zu kontrollieren, ob der Transfervorgang auch geklappt hat.

Jetzt kommt die Schlüsselstelle des Transfers: Reiben Sie vorsichtig mit einer abgerundeten Stahlnadel über die Schablone aus Transparentpapier. Ich empfehle dabei, Linie für Linie vorzugehen, um ein sauberes Resultat zu erzielen. Wichtig ist, dass die Nadel eine wirklich gut abgerundete Spitze hat, da Sie sonst das Transparentpapier einreißen können und unter Umständen sogar die darunter liegende Materialoberfläche beschädigen. Alternativ können Sie auch einen stumpfen, harten Bleistift verwenden. Heben Sie zwischendurch das Transparentpapier immer mal vorsichtig an, um das Resultat zu kontrollieren.

Jetzt sollte das Motiv in seinen Konturen auf der deckweißbeschichteten Oberfläche zu sehen sein. Es hat sich abgedruckt. Wenn Ihnen die Transparentfolie trotz Fixierung verrutschen sollte, wiederholen Sie den Vorgang einfach noch mal von Anfang an. Deckweiß lässt sich mit einem feuchten Tuch leicht entfernen.

4.5 Nachzeichnen

In der Regel reichen die aufgeriebenen Konturlinien noch nicht ganz aus, um mit dem Gravieren zu beginnen. Ich zeichne daher alle Linien noch mit einem harten und feinen Bleistift nach (unter der Lupe oder dem Mikroskop). Je feiner und detaillierter Sie die Vorzeichnung der Linien und Strukturen

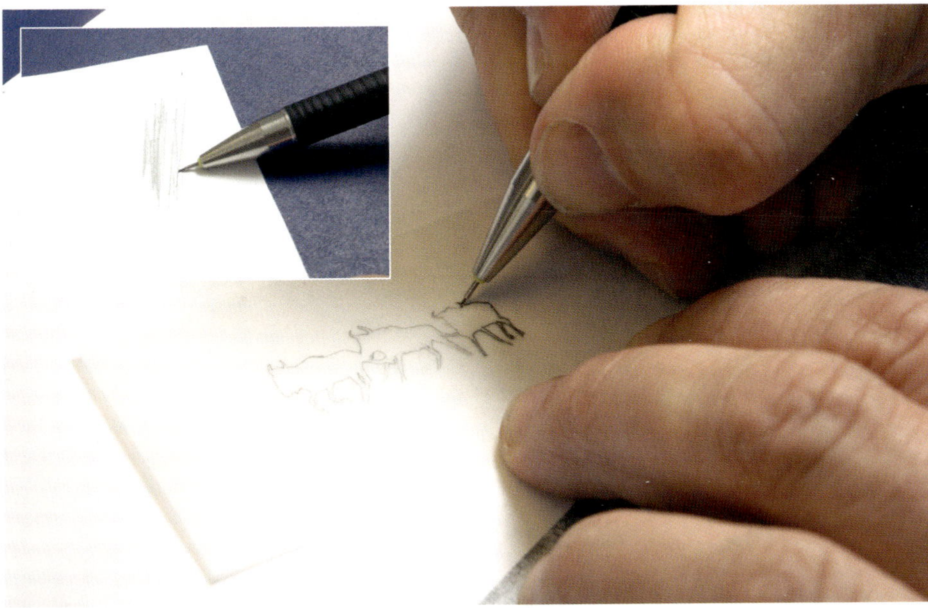

Zeichnen Sie die Konturen auf der Unterseite des Papiers nach. Wählen Sie dafür eine sehr harte Bleistiftmine, idealerweise in 0,3 mm Minenstärke. Es muss genug Graphitauftrag vorhanden sein, um das Motiv auf das Griffmaterial übertragen zu können.

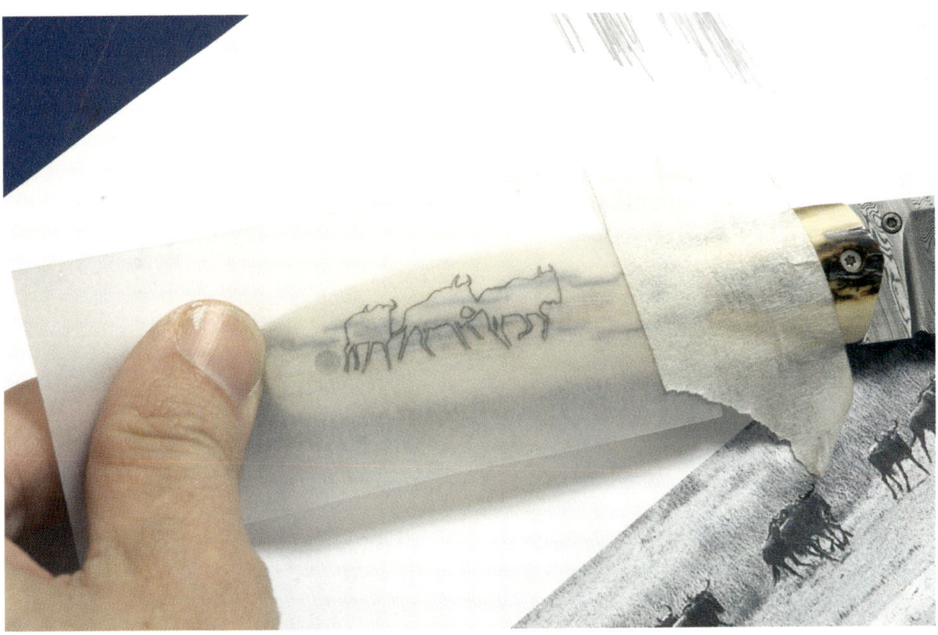

Nun wird die fertige Vorlage am Werkstück positioniert und mit Klebeband fixiert.

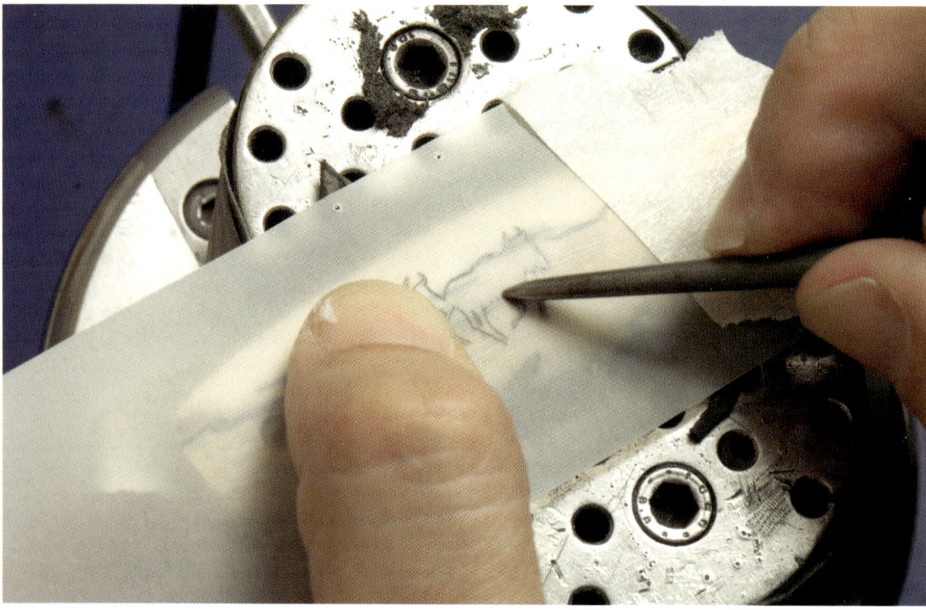

Die auf der Unterseite des Transparentpapiers aufgebrachten Bleistiftlinien drücken sich beim Überreiben mit einem stumpfen Metallstift ...

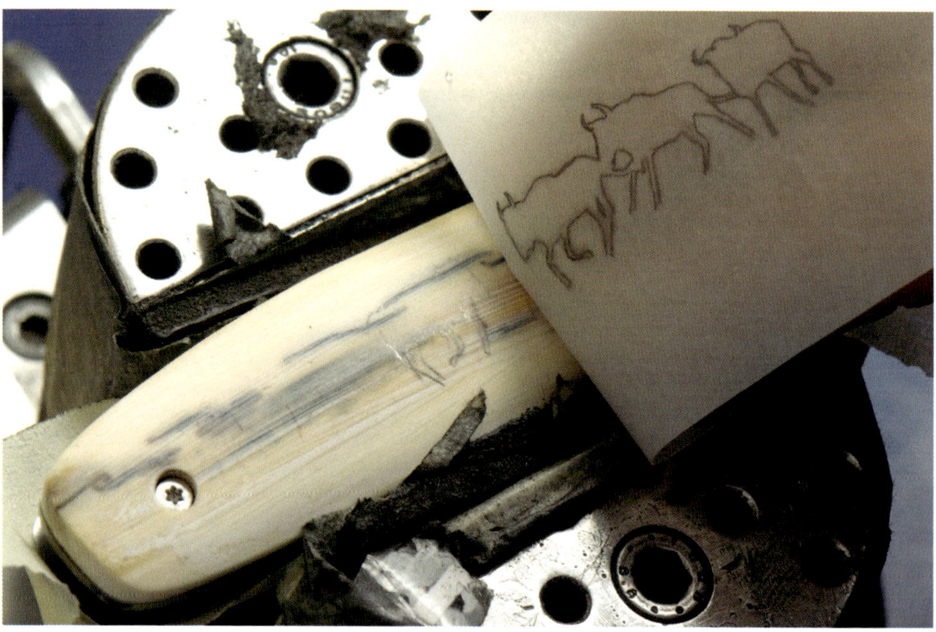

... auf der mit Deckweiß beschichteten Materialoberfläche durch. Kontrollieren Sie zwischendurch, ob die Konturen sauber übertragen werden.

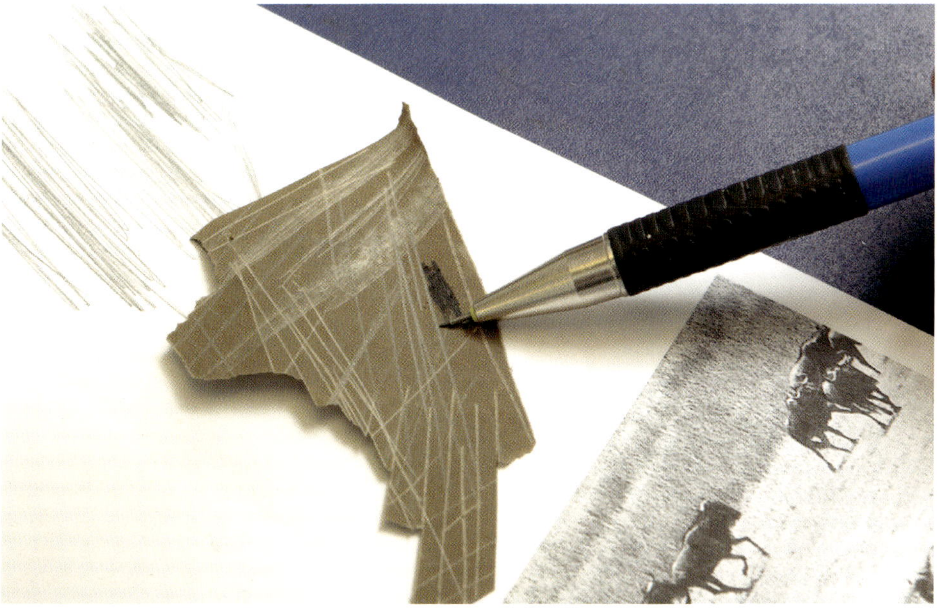

Bereiten Sie nun einen gut nachgespitzten Minenbleistift vor, den Sie an feinem Schleifpapier mit einer drehenden Bewegung abziehen.

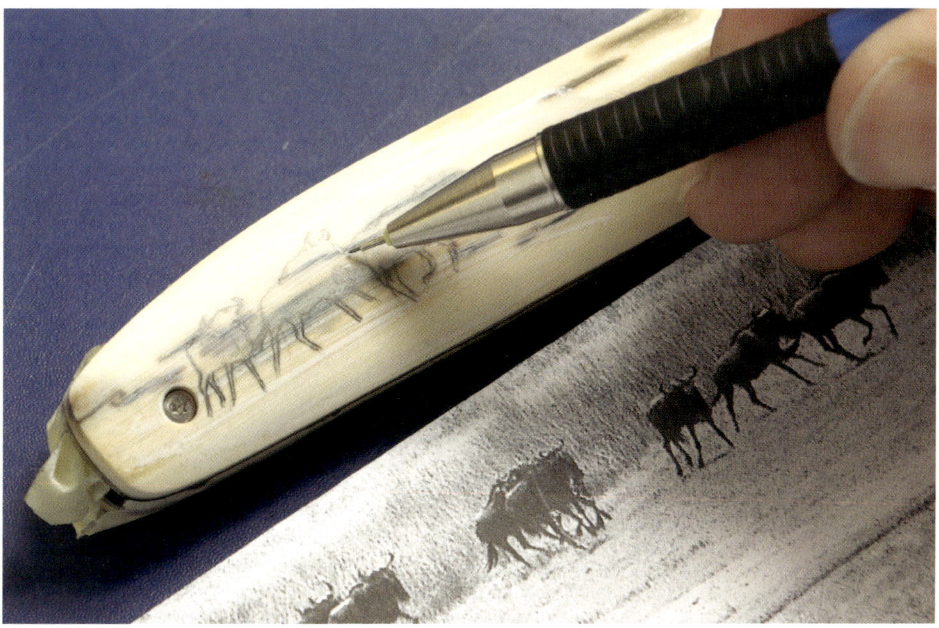

Die durch den Abrieb des Graphits entstandenen Linien werden im nächsten Schritt mit dem Bleistift noch einmal überarbeitet und fein nachgezogen.

vorbereiten, um so einfacher ist hinterher die Umsetzung der Scrimshaw-Gravur. Sie können auch schon in der Aufzeichnungsphase erste Schattierungen anlegen, um Ihr Gefühl für das Motiv und die spätere Umsetzung zu verbessern.

4.6 Gravur der Konturen

Ab diesem Arbeitsschritt beginnt die eigentliche Gravur. Bis jetzt war es entscheidend, sauber vorzuzeichnen. Je genauer die Arbeiten bis hierher durchgeführt worden sind, desto exakter werden die gravierten Konturen.

In der Regel können Konturlinien auch „Konturpunkte“ sein. Abhängig vom Motiv sollten Sie sich überlegen, ob es eher Sinn macht, eine Linie zu gravieren, oder ob fein gerasterte Punkte angebrachter sind.

Dazu ein Beispiel: Wenn man die Außenkonturen eines haarigen Grizzlybären gravieren will, ist es eher sinnvoll, diese mit einer etwas stumpfer geschliffenen Nadel zu gravieren. Hat man bei dem besagten Grizzlybären Wolkenstrukturen im Hintergrund, begrenzt man diese mit fein aneinander gereihten Punkten und feiner, spitzer Nadel.

Dadurch entsteht eine möglichst realistische Darstellung. Nun könnte man die ganze Szene auch im traditionellen Linework gestalten. Man arbeitet dabei nur mit Schraffuren und Linien, auch im Bereich der Wolken. Wer aber plant, das ganze Bild inklusive der Fellhaare in feinster Punktiertechnik darzustellen, wird natürlich bei der Konturengravur auch mit mehr oder weniger feinen Punkten arbeiten.

Die Wahl der Konturnadel und deren Schliff hängt auch von der Umsetzungsmethode ab. Wenn ich zum Beispiel großflächige Arbeiten mit Schwerpunkt auf Fellstrukturen und Linien graviere, wähle ich meist eine dickere Nadel mit etwas stumpferen Winkel. Feinere Nadeln ziehe ich bei der reinen Punktiertechnik vor.

Kommen wir nun zu den Arbeitschritten: Unter Verwendung von Lupe oder Mikroskop beginnt man jetzt, unter leichtem Druck Linie für Linie und

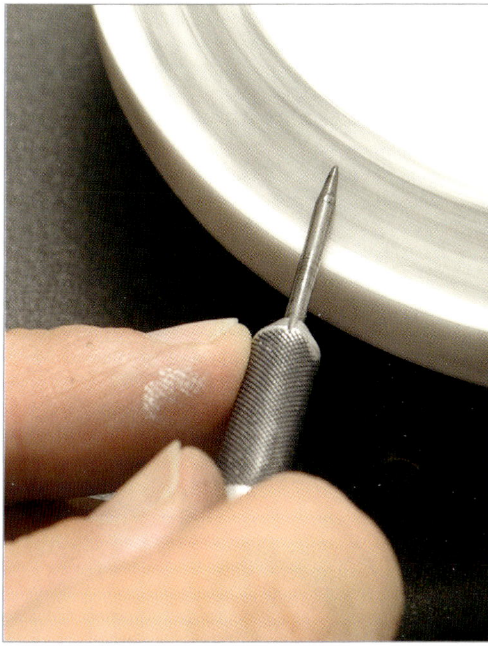

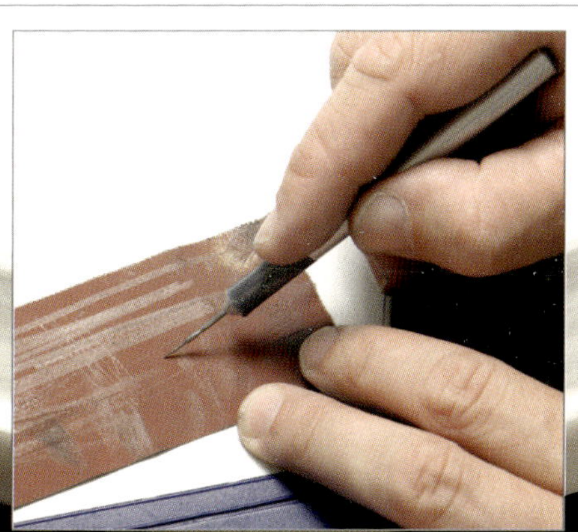

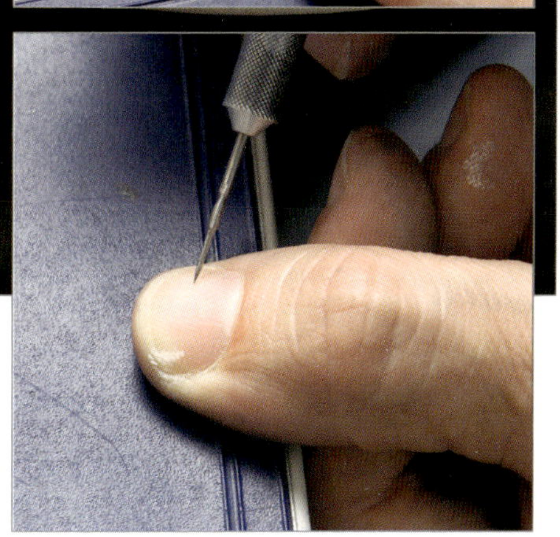

Bereiten sie eine gut angeschärfte Nadel für die Gravur der Konturen vor. Bleibt die Spitze am Fingernagel „kleben", bedeutet dies, dass die Nadel die passende Schärfe aufweist.

Punkt für Punkt nachzuarbeiten. Unter der Vergrößerung erkennen Sie einen leichten Grat, den das Material und das Deckweiß aufwirft. Das ist wichtig, denn in einem komplexeren Entwurf verliert man leicht die Übersicht darüber, welche Linien schon vorgraviert sind und welche nicht.

Ich fange meist an einer Seite an und arbeite mich dann Schritt für Schritt zur gegenüberliegenden durch. Legen oder stellen Sie auch Ihren Entwurf in unmittelbare Nähe zum Werkstück. Das dient der „Zwischenkontrolle" und stärkt Ihr Gefühl für die Arbeit.

Noch ein kleiner Tipp am Rande: Vermeiden Sie zu starke Bruchkanten an der Nadelspitze. Die Nadel gleitet leichter um Kurven und feine Rundungen, wenn sie sauber rund geschliffen wurde.

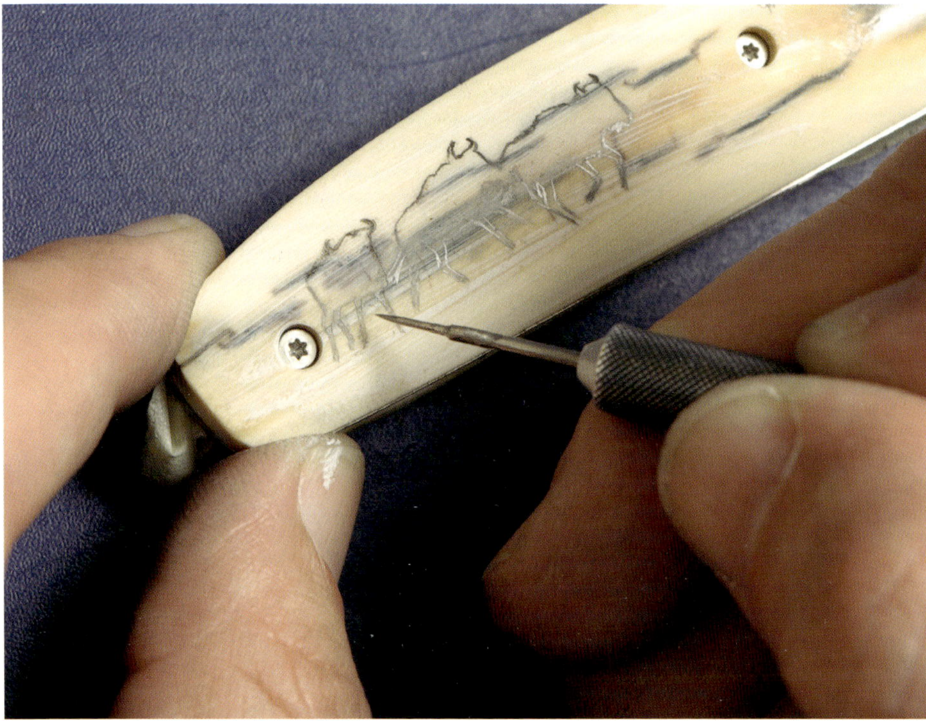

Achten Sie beim Vorgravieren der Konturen auf besondere Sorgfalt. Vergewissern Sie sich, dass Sie keine Linie vergessen.

Nun kommt ein spannender Augenblick: Das Entfernen der Deckweiß-Grundierung zeigt, ob Sie bis hierher sauber und gewissenhaft gearbeitet haben. Vor dem Einfärben müssen Sie das Werkstück gründlich abwischen. Zuerst mit einem weichen, leicht angefeuchteten Lappen. Hinterher können Sie mit etwas Nagellackentferner nachputzen. Testen Sie den Entferner aber zuvor an einer unsichtbaren Stelle des Werkstücks, um sicher zu gehen, dass das Material sich nicht verfärbt oder sich die Oberfläche sonstwie verändert.

Sollten Sie Konturen vergessen haben, wird es etwas schwierig. In diesem Fall färben Sie die vorhandenen Konturen schon mal ein. Die Fläche, auf der Linien fehlen, wird mit einem Wattestäbchen und etwas Deckweiß darauf partiell neu beschichtet. Legen Sie dann die Transparentpapier-Schablone noch einmal passgenau auf die Arbeit, fixieren Sie das Papier gut und rubbeln Sie die entsprechenden Stellen nochmal auf.

SO FÜHRT MAN DIE GRAVURNADEL

Man sollte sich die Haltung der Gravurnadel am besten vorstellen wie das Halten eines Bleistifts oder Kugelschreibers. Wichtig ist, dass Daumen und Zeigefinger den vorderen Teil der Nadel, also den Bereich kurz vor der Spitze, fest umschließen. Haltung und Führung sollten von diesen beiden Fingern ausgehen. Als „Auflagefinger" für die Nadel dient der Ringfinger.

Halten Sie die Gravurnadeln nie verkrampft fest. Versuchen Sie, die Nadel locker zu führen. Beim Ritzen von tieferen Strukturen sollte der Druck, der gebraucht wird, um Material aus der Oberfläche des Werkstücks zu entnehmen, vorwiegend aus der Daumenkuppe kommen. Bleiben Sie immer geschmeidig in den Bewegungen.

Noch ein kleine Übung zum Start: Nehmen Sie die Nadel in die Hand, so als ob Sie gerade mit einer Gravur beginnen wollen. Nun setzen Sie den Handballen locker auf der Oberfläche des Tischs auf und heben die Nadelspitze an, so dass diese in der Luft steht. Führen Sie nun mit der Nadel locker kreisende Bewegungen in der Luft aus. Schreiben Sie einige imaginäre Sätze in der Luft. Das lockert die Hand auf. Sollten Sie merken, dass sich die Nadel an einer bestimmten Stelle nicht gut halten lässt, einschneidet oder Druckstellen hinterlässt, so umkleben Sie die Nadel an dieser Stelle mit etwas Klebeband (Malerkrepp). Das Umkleben ist auch hilfreich, wenn eine Nadel zu dünn ist. Durch das Klebeband lässt sie sich besser greifen und führen.

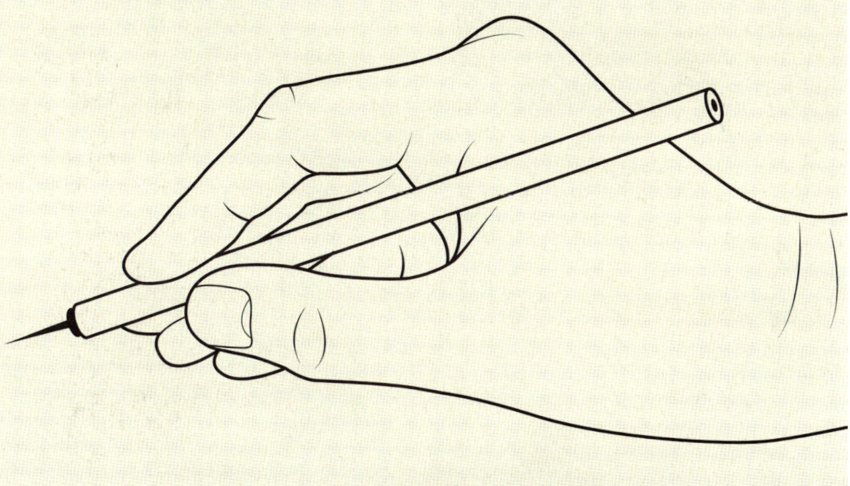

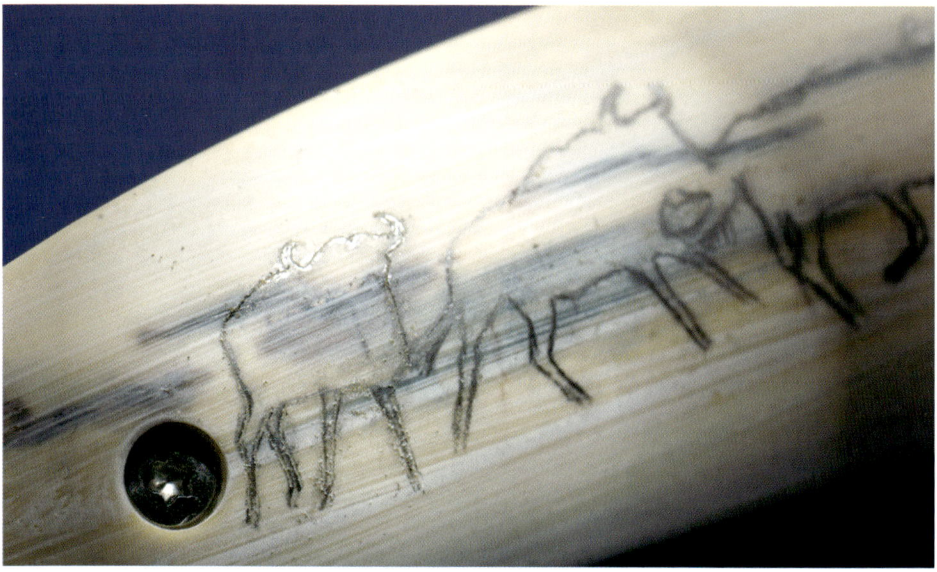

Unter der Vergrößerung ist gut zu erkennen, dass eine gravierte Linie feine Späne aufwirft. Das bietet eine gute Möglichkeit zu überprüfen, ob die entsprechende Stelle schon angeritzt worden ist.

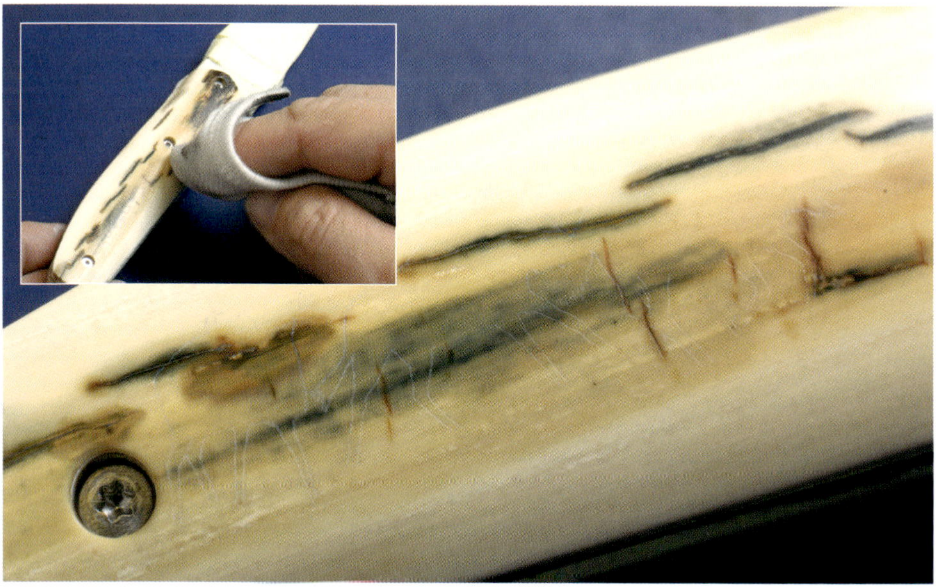

Nach dem Vorritzen der Konturen wird mit einem feuchten Lappen das Deckweiß entfernt. Wiederholen Sie den Vorgang, wenn nötig, um jegliche Farbreste wegzuputzen. Die polierte Materialoberfläche muss wieder reflektieren.

4.7 Einsetzen der Farbe

Das Einfärben der Gravur kann auf unterschiedliche Art und Weise erfolgen. Eine sehr gängige Methode ist das Färben mit Wattestäbchen. Dazu tränkt man das Wattestäbchen mit der entsprechenden Farbe. Dann kann man sehr sauber und gezielt die Farbe durch leichten Druck dort aufbringen, wo sie gebraucht wird. Man kann auf diese Weise partiell arbeiten und färben.

Anschließend kann man die Farbe noch mit einem weichen Baumwolllappen verreiben. Dann sucht man eine saubere Stelle im Lappen und wischt die überschüssige Farbe von der Gravuroberfläche.

Wann, wo und wie oft eingefärbt wird, hängt vom Motiv, dem Material und dem Können des Einzelnen ab. Ich beginne fast immer mit den dunklen Stellen eines Motivs. So bekomme ich schnell ein Gefühl für das Material. Diese Stellen färbe ich dann auch gleich ein, um zu sehen, wie sich die Farbe verhält.

Wenn etwas nicht funktioniert, kann das verschiedene Gründe haben. Nachfolgend die beiden häufigsten Probleme und ihre Ursachen.

Die Farbe hält nicht: Möglicherweise wurden die Linien mit einer zu stumpfen Nadel graviert. Die Beschaffenheit der Farbe kann auch eine Rolle spielen. Es könnte sein, dass die Farbe zu stark verdünnt wurde. Eine andere Möglichkeit ist, dass die Art der eingesetzten Farbe nicht mit dem zu gravierenden Material harmoniert und deshalb schlecht hält. Daher ist es wichtig, die verwendete Farbe immer im Vorfeld zu testen. Wenn Farbe nicht gut hält, rate ich dazu, eher eine dickflüssige, pastenartige Konsistenz vorzuziehen. Es kann auch an der Materialoberfläche liegen. Achten Sie immer darauf, dass diese fettfrei ist!

Die Gravur erscheint nach dem Färben in einem anderen Grau- oder Farbton als gewünscht: Um das zu beheben, muss die Dichte beziehungsweise Tiefe der gravierten Strukturen geändert werden. Das ist für einen Anfänger nicht einfach. Jedes Material verhält sich anders, und jedes Motiv ist anders. Man muss sich daher immer wieder neu auf die Gegebenheiten einstellen. Erfahrungswerte sind dabei enorm wichtig.

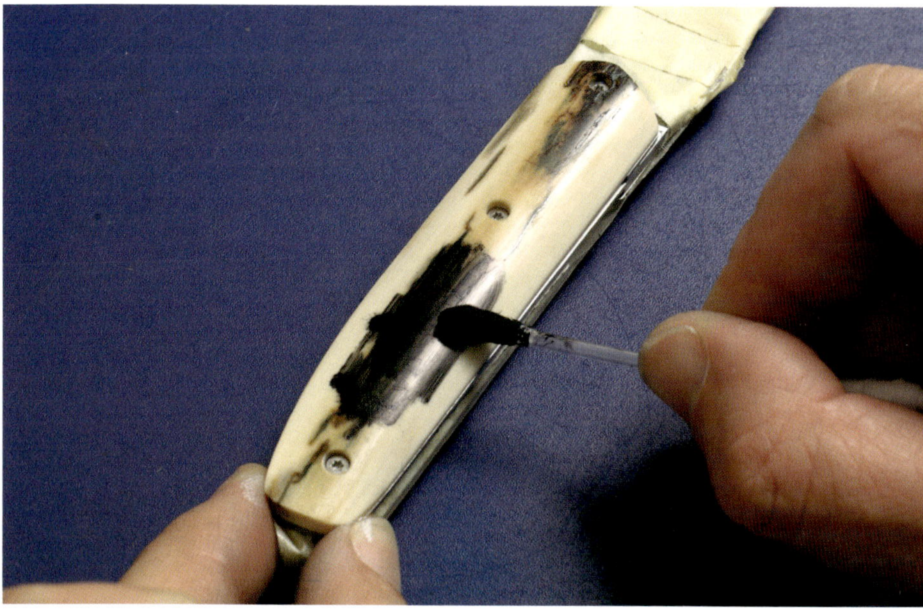

Nun wird die Farbe mit einem Wattestäbchen aufgetragen. Alle gravierten Linien müssen dabei vollkommen mit Farbe abgedeckt werden.

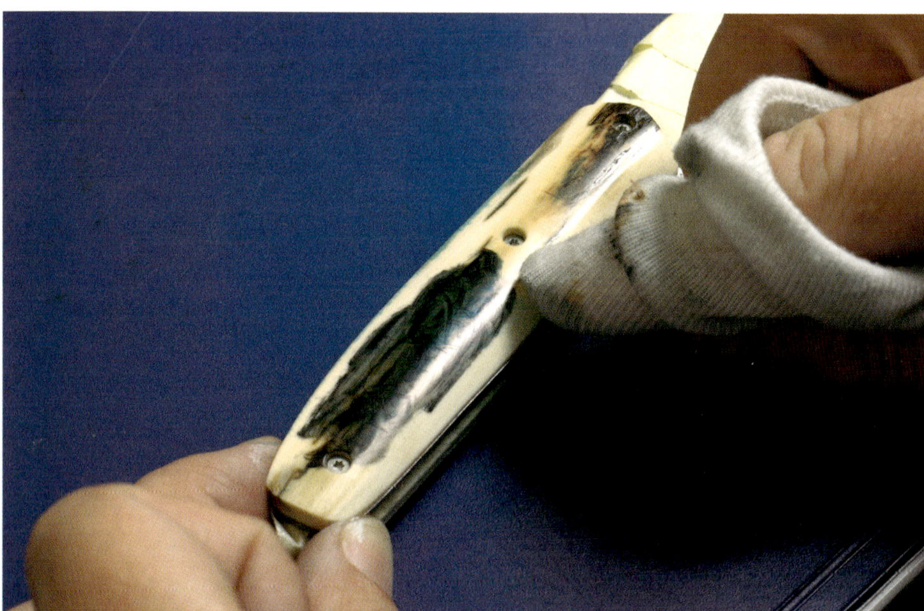

Anschließend wird die überschüssige Farbe sofort mit einem weichen Baumwolllappen abgerieben.

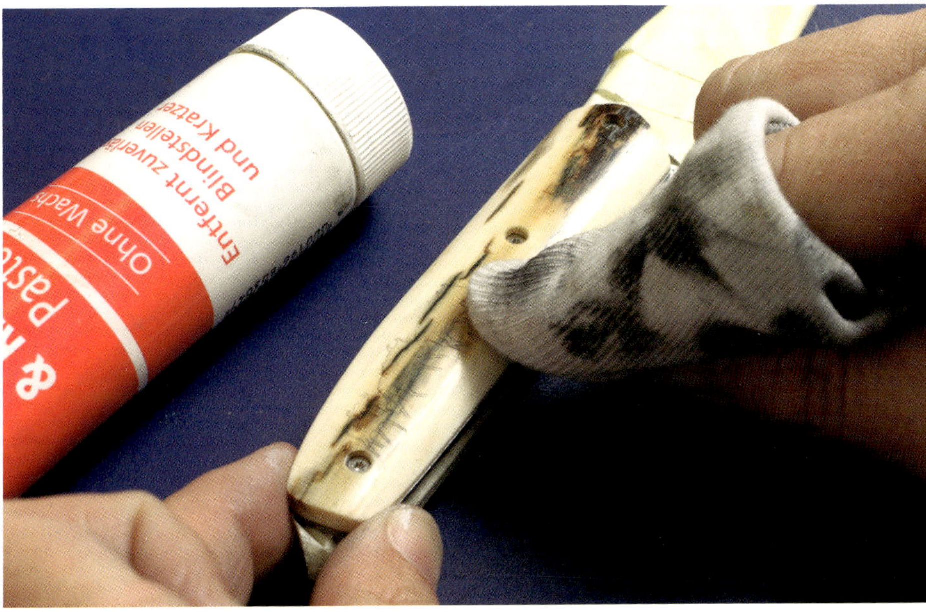

Die gesamte Arbeitsoberfläche wird im nächsten Schritt wieder mit einer Politur nachpoliert, bis sie reflektiert.

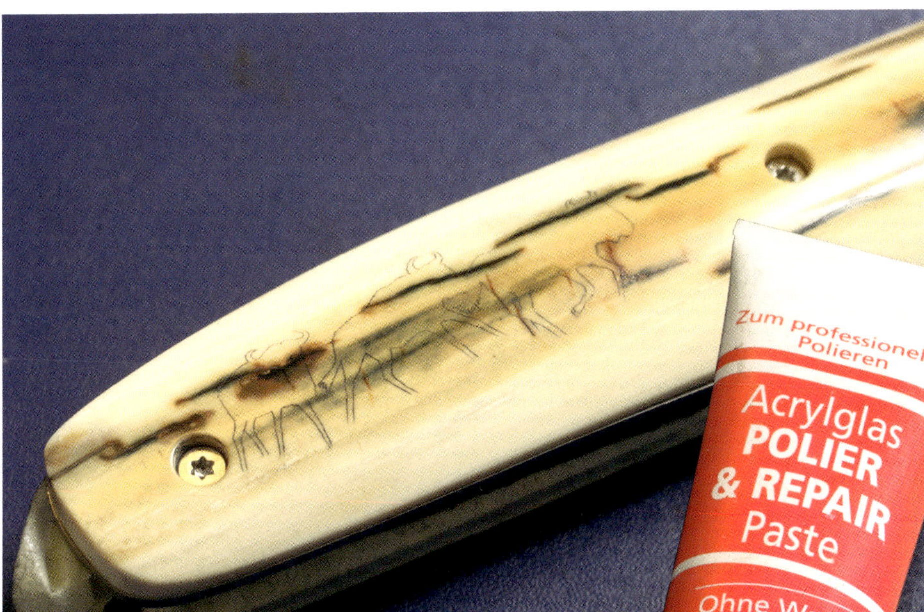

Die eingefärbten Hilfslinien sind jetzt gut vor der hochglänzenden Materialoberfläche sichtbar.

4.8 Begrenzungslinien ausarbeiten

Ich arbeite so, dass ich bei der Ausarbeitung des Motivs die Konturen und relevanten innenliegenden Begrenzungspunkte und Linien zuerst erfasse. Ich schaffe mir so einen „groben“ Rahmen des Motivs in seinen verschiedenen Ebenen und Flächen.

Klar definierte Begrenzungslinien sind wichtig für ein sauberes Resultat. Auch hier fange ich erst bei den dunkleren Partien an und arbeite mich langsam durch die verschiedenen Grautöne hin bis zum Hellgrau. Bei einem Grizzlybären-Porträt zum Beispiel würde ich zuerst die Außenkonturen vorarbeiten, dann die Augen im wesentlichen festlegen. Später die Nase, die Konturlinien in den Ohrbereichen und so weiter.

Wenn Sie diese Bereiche sauber vorgearbeitet haben, wird es Ihnen anschließend viel leichter fallen, die Fläche zu „füllen“. Ob gepunktet oder mit Linien schraffiert wird, hängt auch hier davon ab, welches Resultat Sie erzielen wollen. Dazu gleich mehr im folgenden Abschnitt.

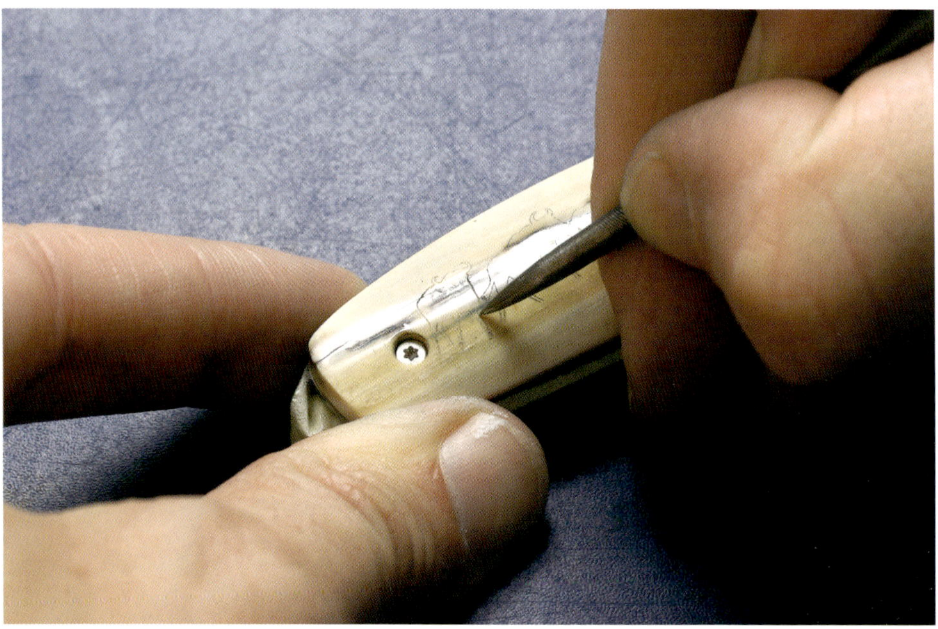

Die Begrenzungslinien ritze ich gerne mit einer etwas stumpfwinkligeren Nadel nach, um diese tiefer zu machen.

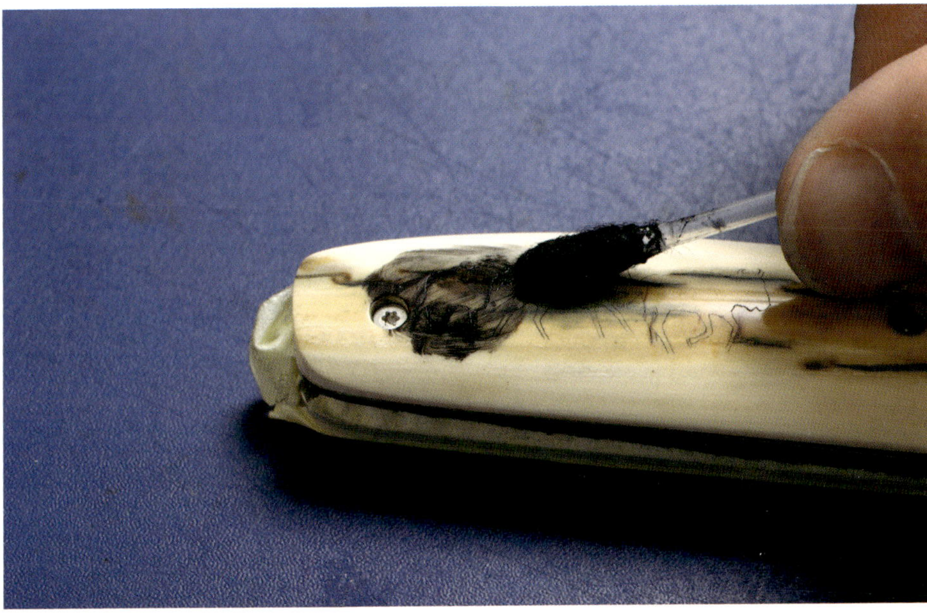

Abermals wird der nachgeritzte Teil der Gravur mit Wattestäbchen partiell nachgefärbt. Der abpolierte Hintergrund der Materialoberfläche nimmt jetzt keine Farbe mehr auf.

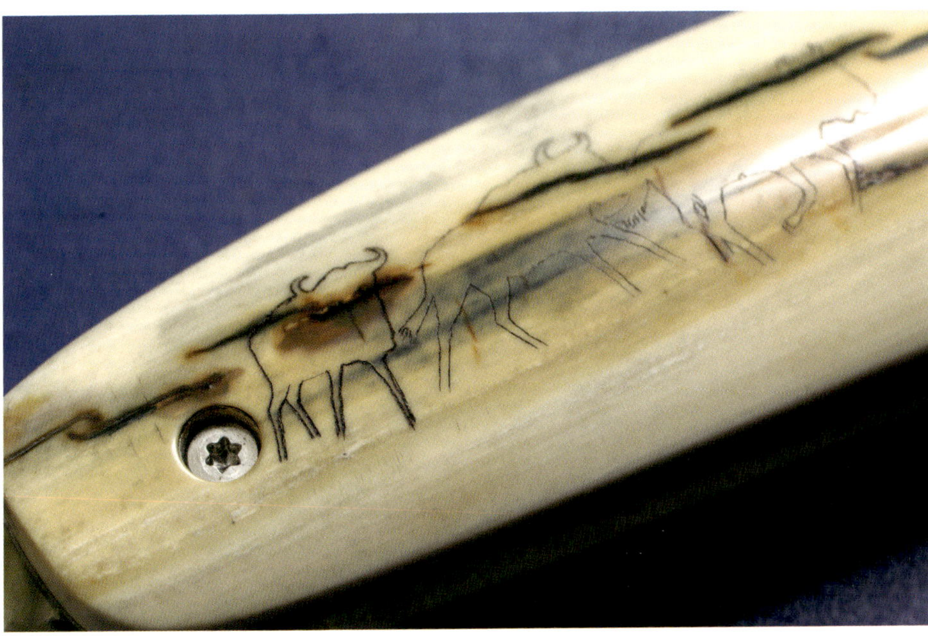

Nach dem Einfärben und Abwischen der Farbe wird gut sichtbar, dass die tiefer nachgravierten Linien dunkler erscheinen.

SO FÜHREN SIE DEN STICHEL

Der Handgravierstichel besteht aus dem eigentlichen Stichel aus Stahl und dem Griffstück, dem so genannten Stichelheft. Um mit dem Handgravierstichel arbeiten zu können, ist das richtige Halten und Führen wichtig. Halten Sie den Knauf (das Griffende) des Stichel in Ihrer rechten Faust (bei Linkshändern bezieht sich die folgende Beschreibung auf die linke Hand). Der Daumen wird in ausgestreckter Haltung seitwärts am Stichel platziert. Ihm gegenüber positionieren Sie nun den Zeigefinger. Damit schaffen Sie eine Halteposition, in der der Stichel stabilisiert wird. So haben die Finger auch Einfluss auf den Neigungswinkel des Stichels.
Das Stichelheft liegt von den restlichen Fingern umschlossen sicher im Handballen. Setzen Sie den Stichel nun an einem Probestück Ihres Materials an. Die Spitze sollte sanft und vorsichtig angesetzt werden. Jetzt kommt der schwierigste Teil: Schieben Sie den Stichel Millimeter für Millimeter vorsichtig nach vorne. Üben Sie dabei nur sanften Druck aus. Es ist ratsam, zu Beginn einfache gerade Linien auf einer Testplatte zu gravieren. Durch Neigung des Stichels und entsprechende Bewegung des Handgelenks können Bögen graviert werden. Versuchen Sie, den Handstichel nicht zu kräftig anzudrücken. Zu schnell bohrt man sich sonst in die Tiefe.
Ich rate dazu, erst einmal einige Probegravuren durchzuführen. Das kann durchaus einige Zeit in Anspruch nehmen. Verzagen Sie dabei nicht, und denken Sie immer daran, dass Sie den Handstichel locker und unverkrampft halten.
Ein kleiner Tipp: Setzen Sie den Handstichel zu Beginn eher für kurze Linien und Punkte ein. Diese Strukturen lassen sich technisch leichter umsetzen. So gewöhnt man sich im Laufe der Zeit an dieses Werkzeug und kann mit zunehmender Übung immer besser und leichter arbeiten. Dann können Sie auch kompliziertere Gravurstrukturen umsetzen.

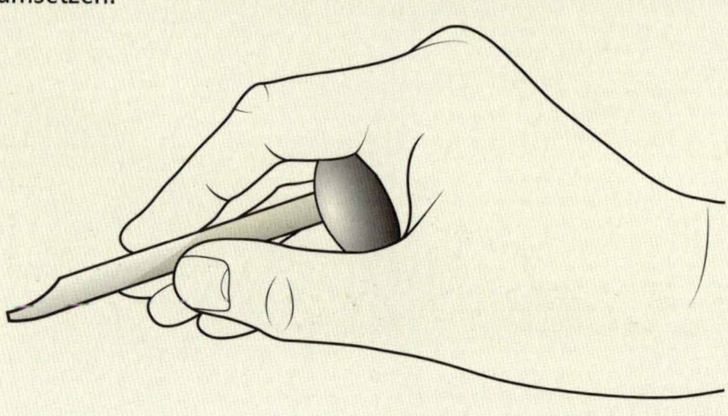

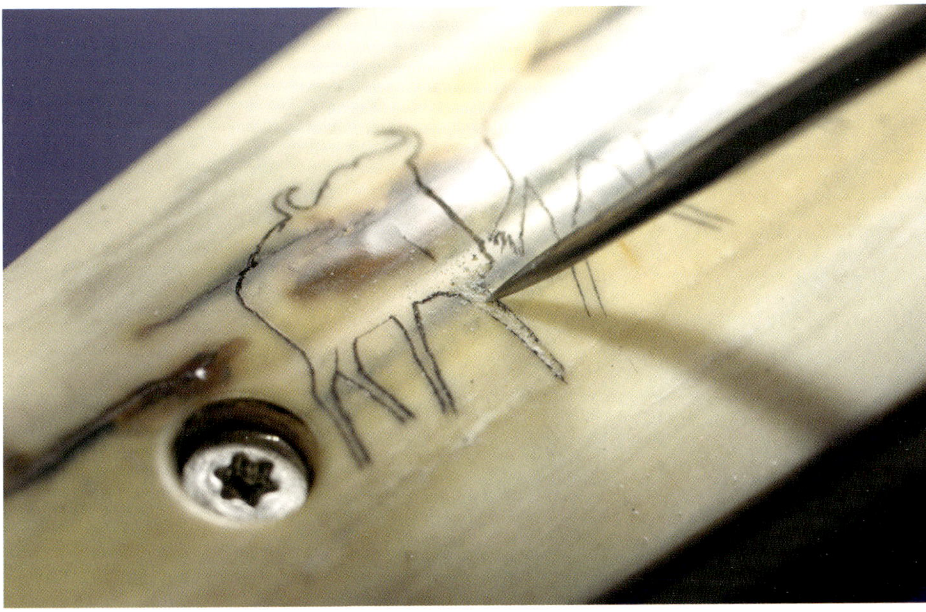

Nun beginnen wir damit, die Flächen mit dicht gesetzten Punkten zu füllen. Eine spitzwinklig geschliffene Nadel ist dabei hilfreich.

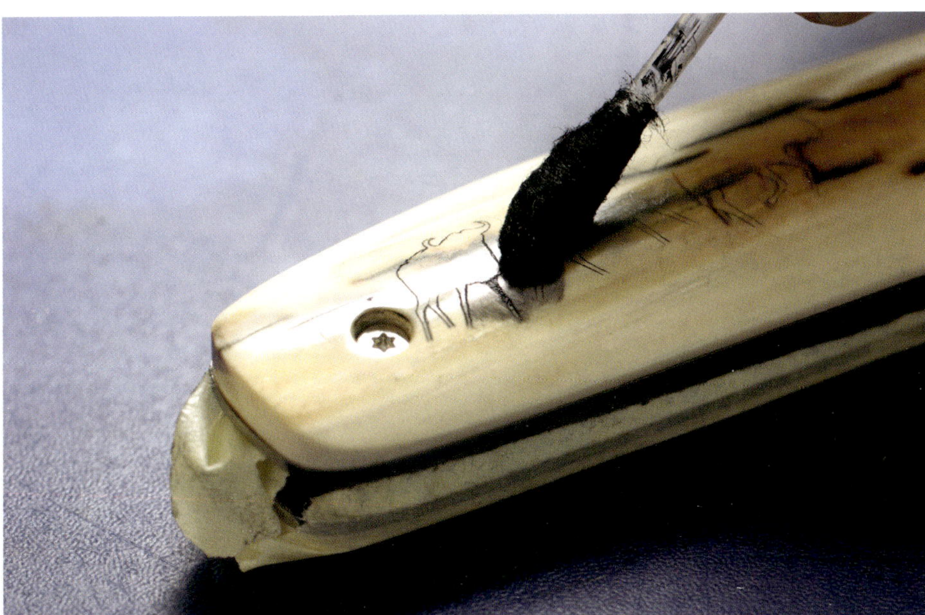

Zur Kontrolle wird immer wieder nachgefärbt. Der Graveur entscheidet dabei nach Gefühl und Erfahrung über die Häufigkeit.

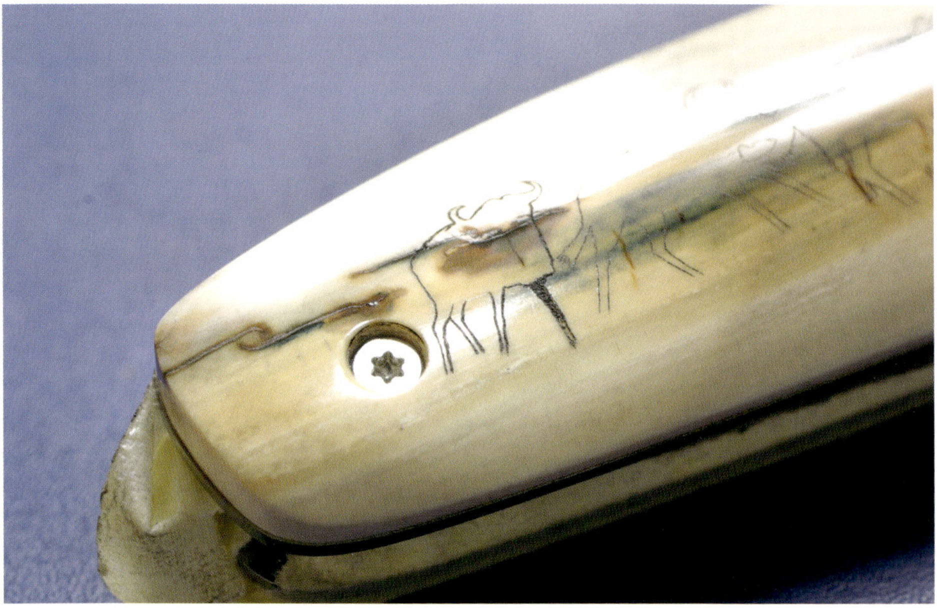

Nach dem Abwischen der Farbe werden die eingefärbten Punkte als dichte schwarze Fläche sichtbar.

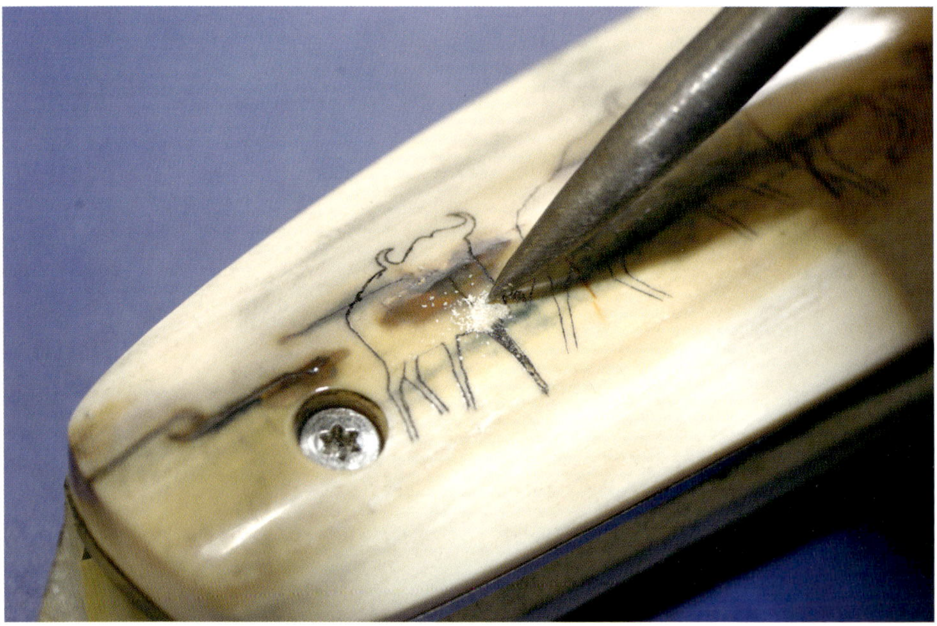

Zum Füllen der Flächen mit Punkten kann auch eine Nadel mit stumpferem Winkel verwendet werden.

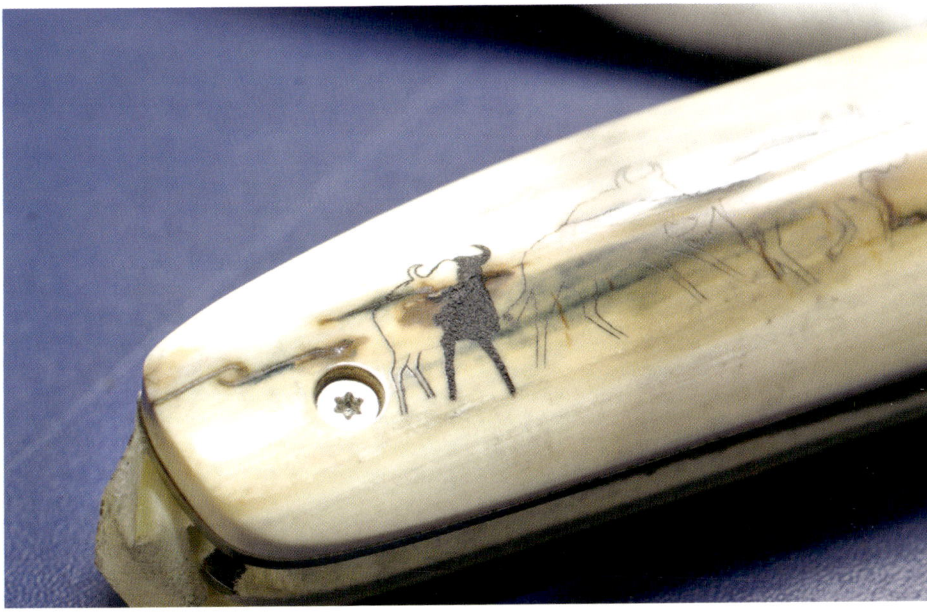

Arbeiten Sie sich am besten Punkt für Punkt von einer Seite zur anderen Seite vorwärts. Ich gehe dabei als Rechtshänder von rechts nach links vor.

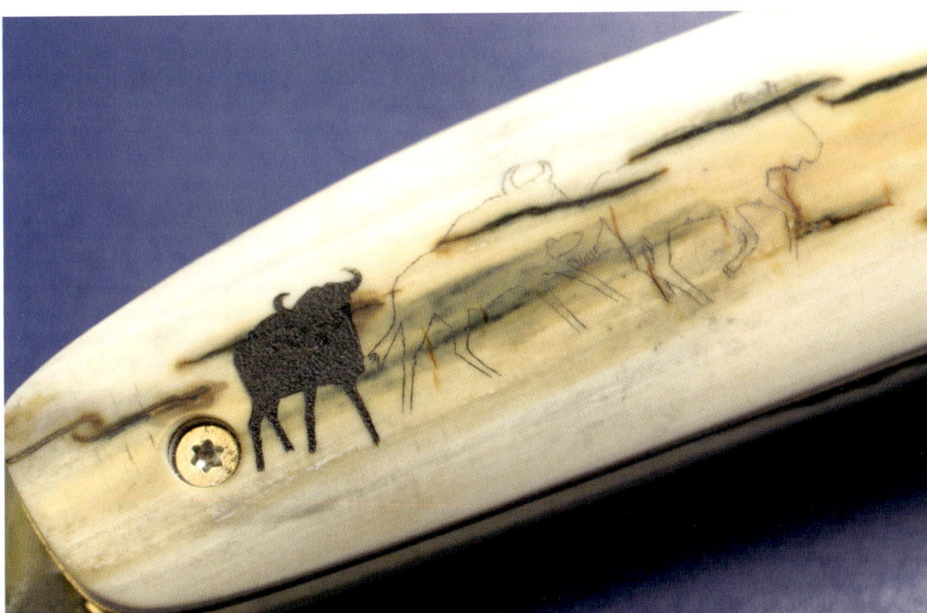

Die gleichmäßig tief und dicht gestochenen Punkte ergeben nach dem Einfärben ein ebenso gleichmäßiges Schwarz.

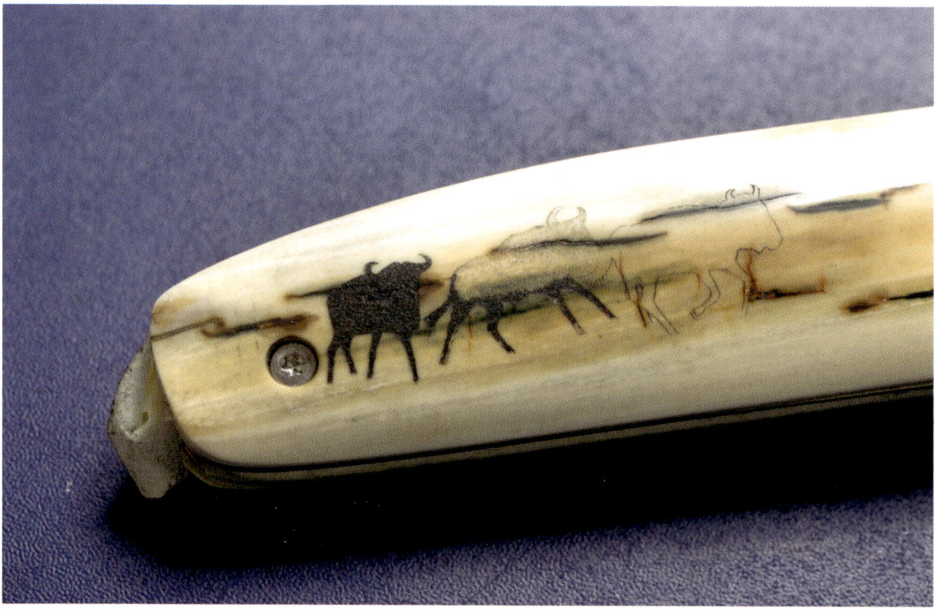

Punkt für Punkt wird nun auch das nächste Gnu in unserem afrikanischen Motiv graviert, wobei ich von unten (den Beinen) nach oben vorgehe.

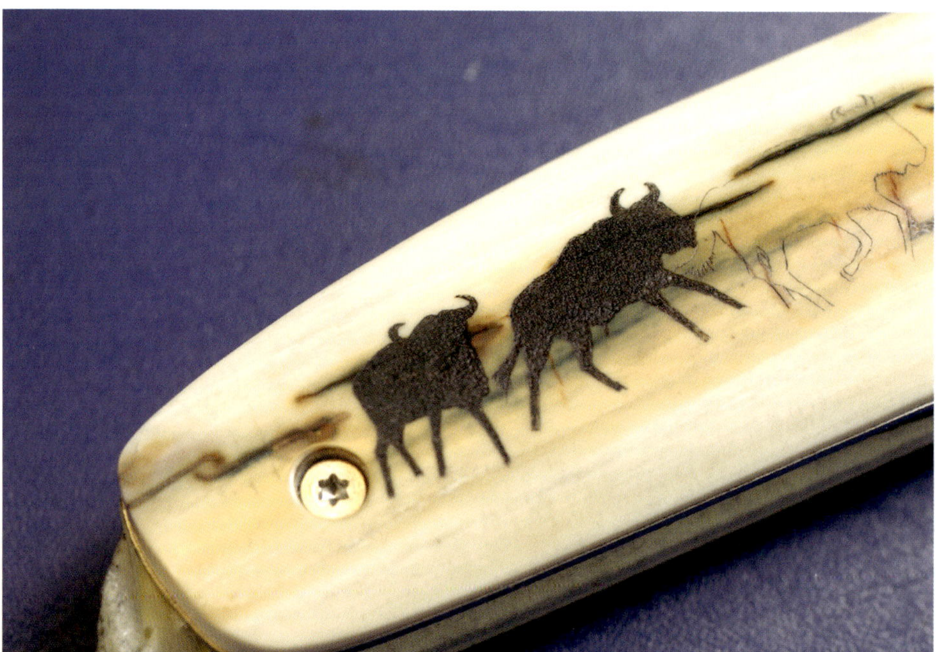

Langsam, aber beständig werden die einzelnen Flächen punktiert. Das Motiv entsteht.

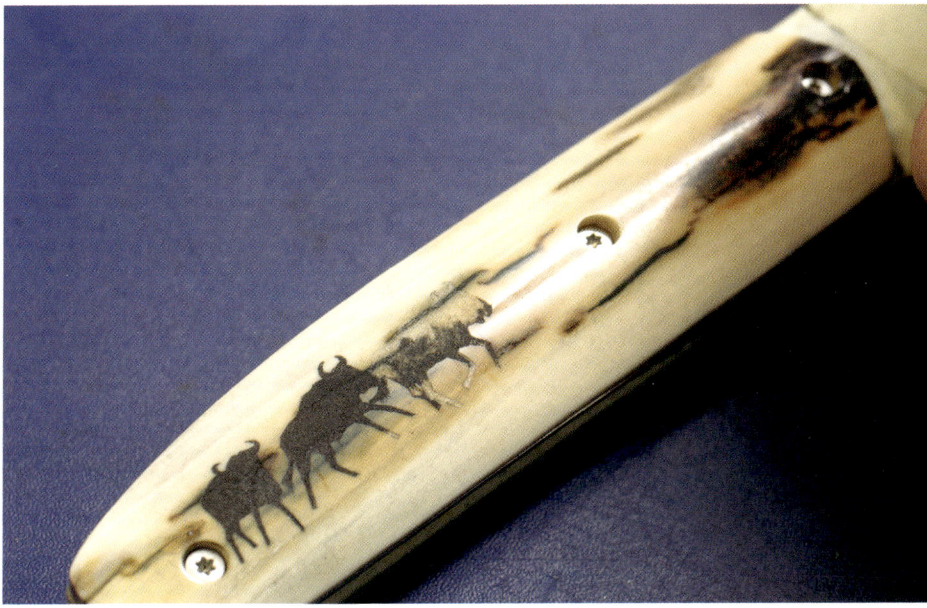

Kontrollieren Sie die gestochenen Punkte vor dem Einfärben immer wieder im Lichtkegel Ihrer Lampe.

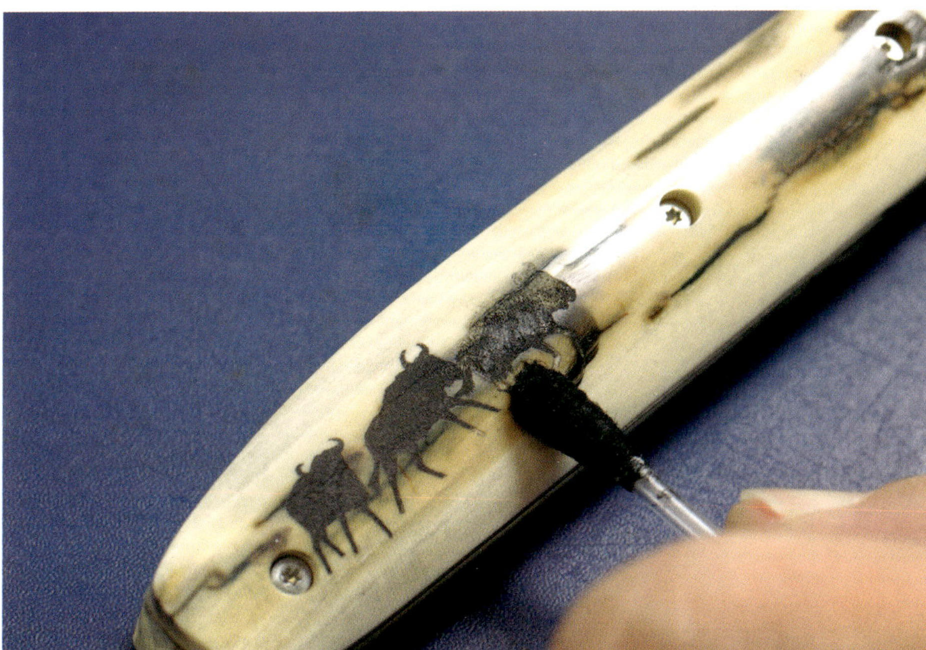

Am Schluss wird das Gnu wieder mit Wattestäbchen und Farbe eingeschwärzt.

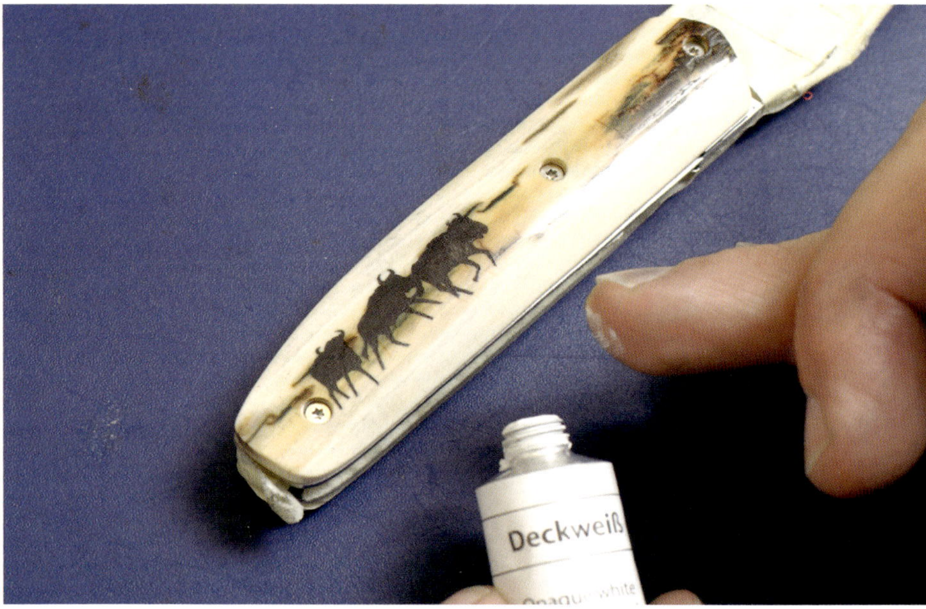

Für nachträgliche Änderungen im Motiv im unteren Bereich des Griffs tupfen wir vorsichtig Deckweiß mit dem Finger auf.

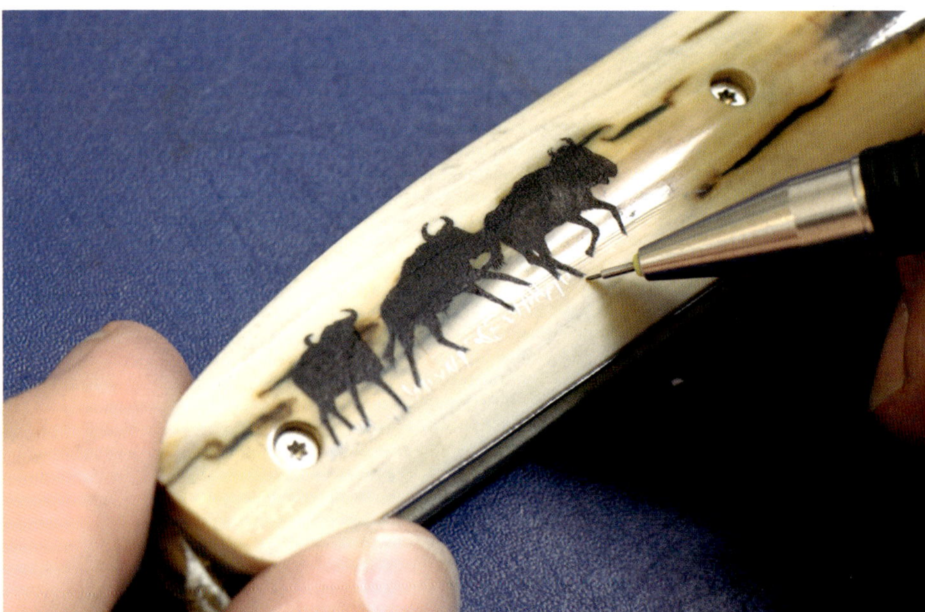

Nun kann mit dem Bleistift gezeichnet werden. Bei einfachen Hilfslinien kann das ohne weiteres freihändig gemacht werden.

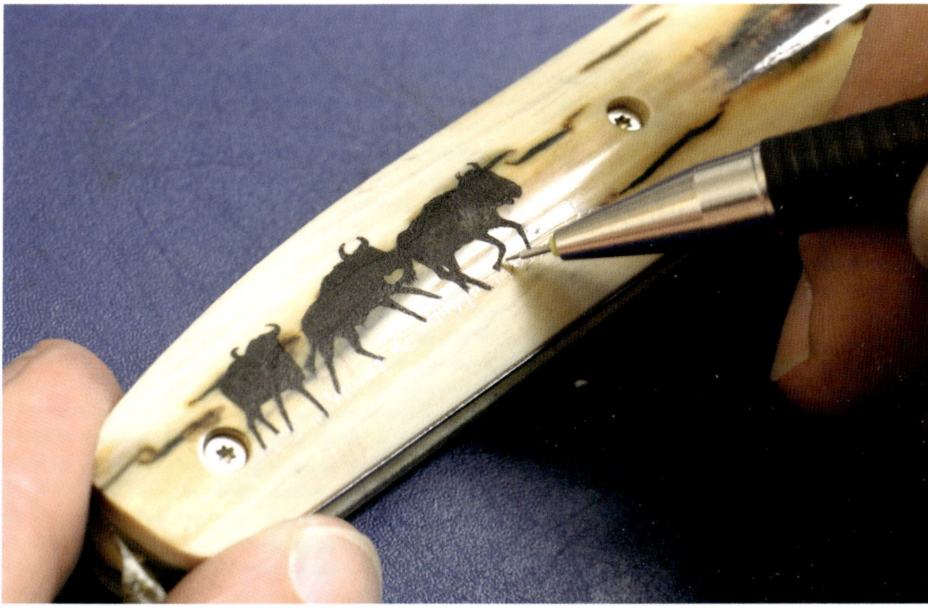

Wir zeichnen als Unterlage für die Gnu-Herde eine Grasnarbe ein – als eine Reihe von kurzen, unregelmäßigen vertikalen Linien.

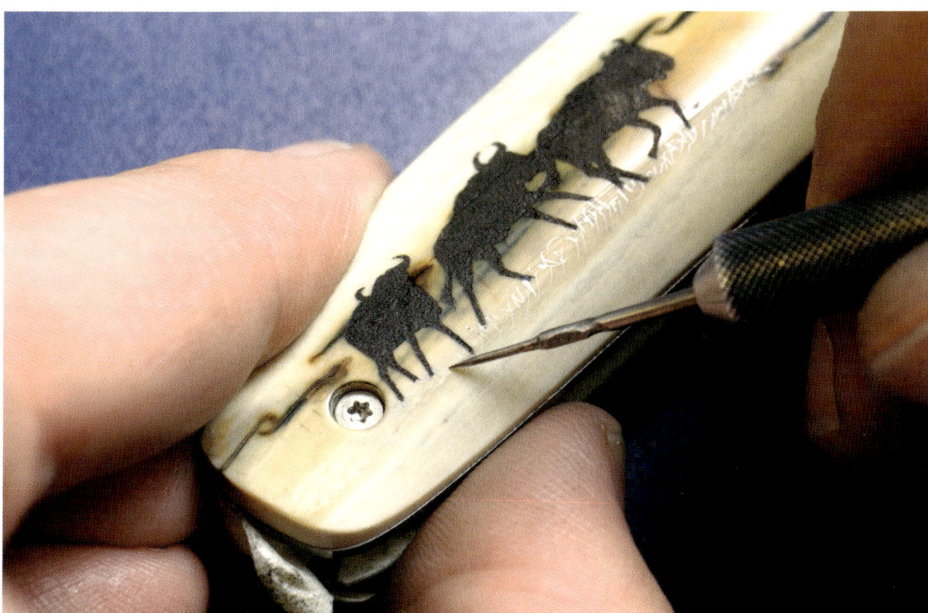

Nun gravieren wir vorsichtig die Bleistiftlinien nach. Achten Sie wieder darauf, keine Linie zu vergessen!

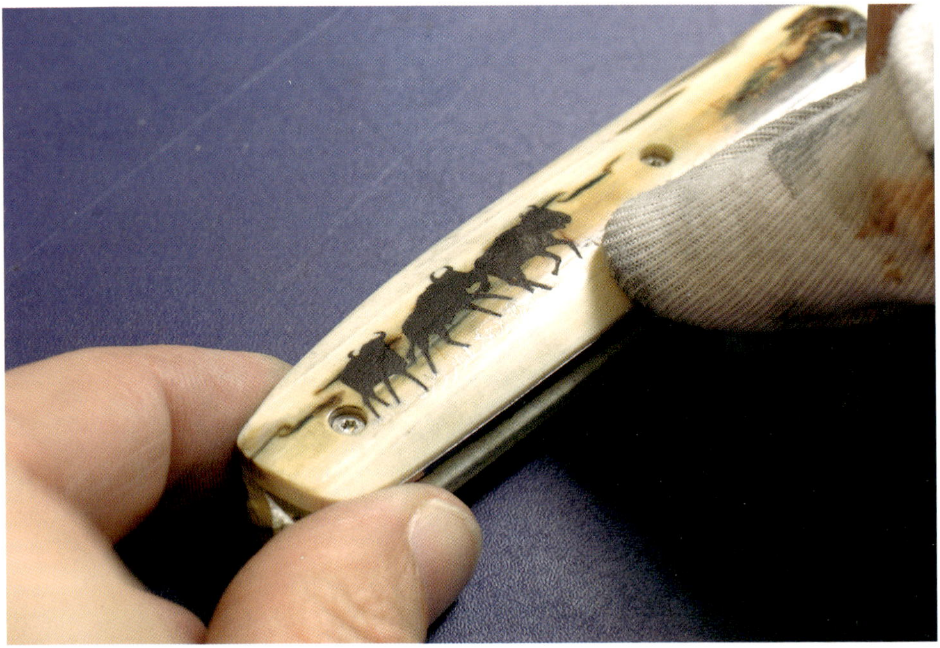

Mit dem Lappen wird das Deckweiß vorsichtig abgewischt.

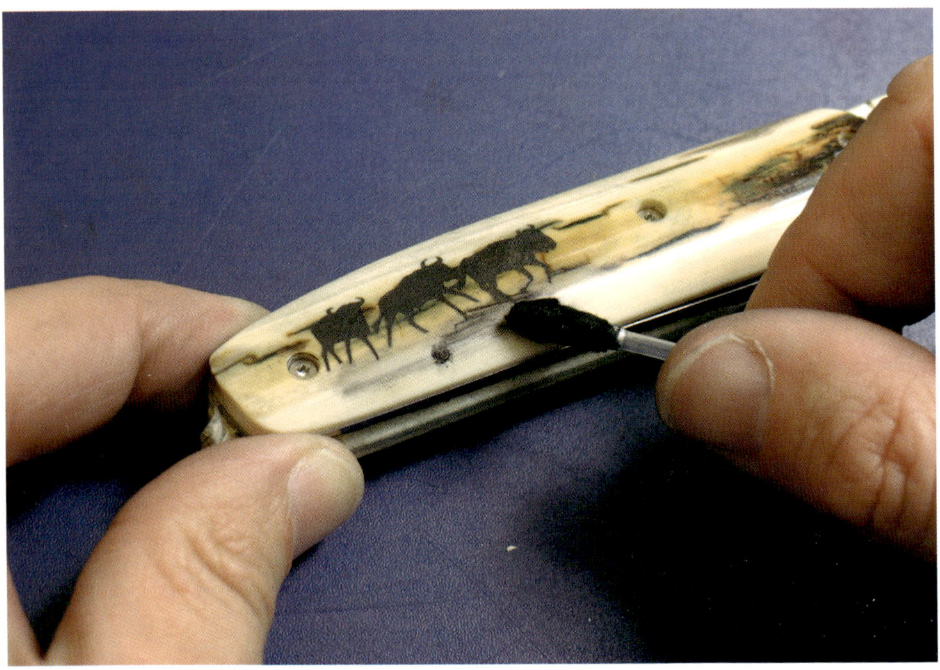

Wieder werden die Hilfslinien mit dem Wattestäbchen und Farbe geschwärzt.

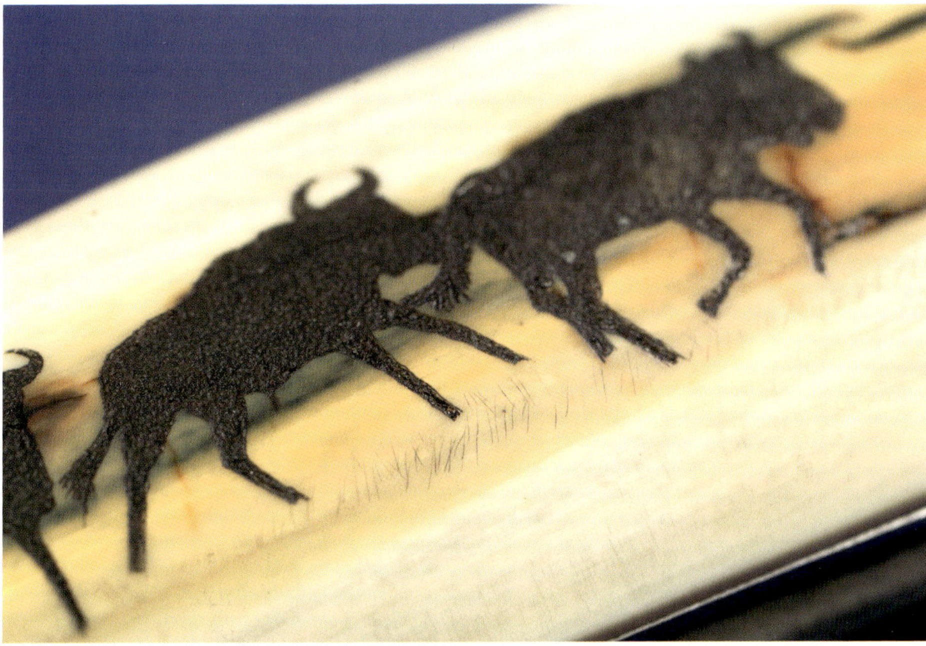

Die mit Hilfslinien angedeuteten Grashalme sind jetzt gut zu erkennen.

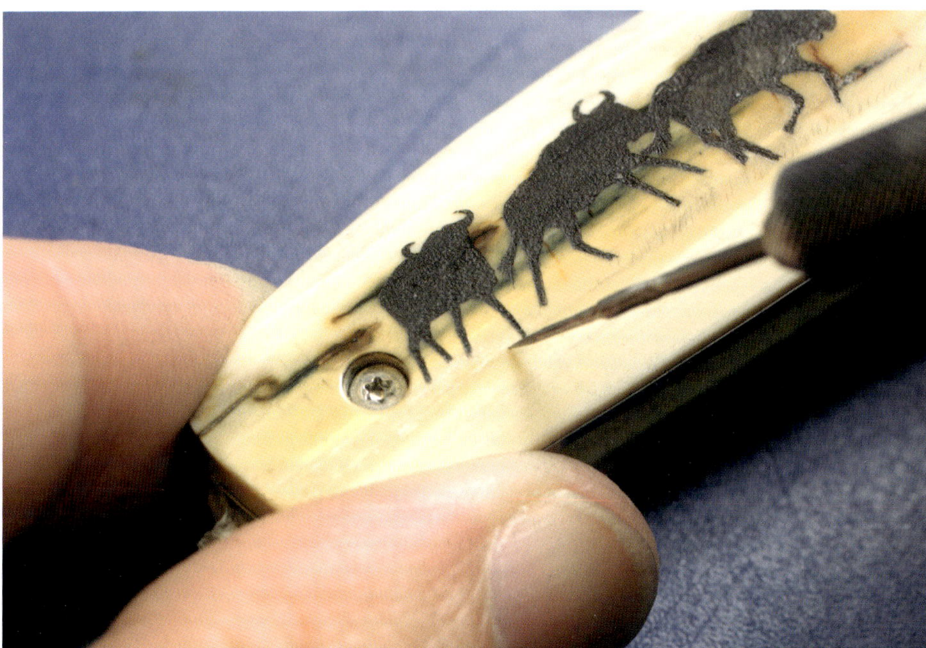

Nun beginnen wir, Halm für Halm aus der Materialoberfläche zu kratzen.

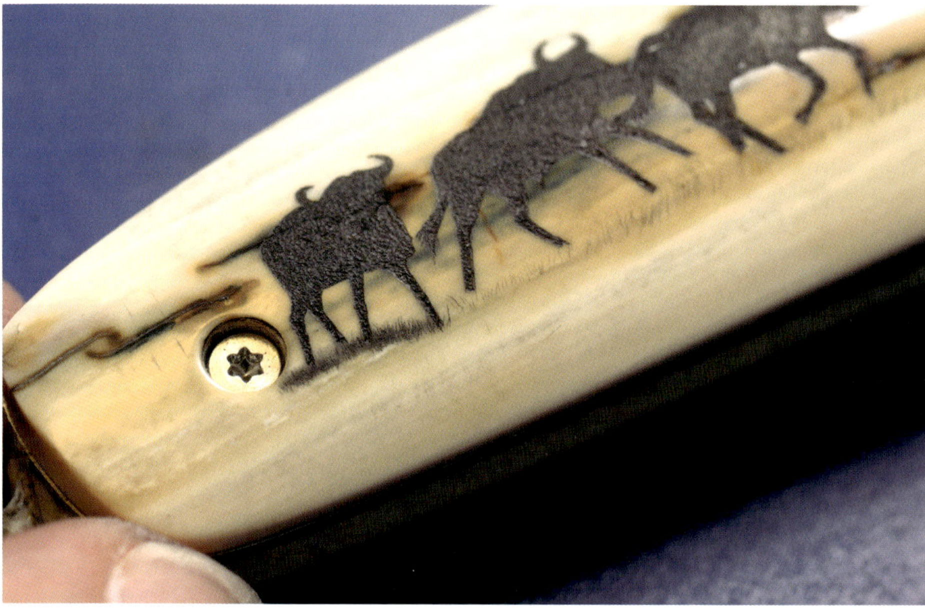

Die Dichte und Tiefe der Linien bestimmt auch hier den Grauwert, der nach dem Einfärben erzielt wird.

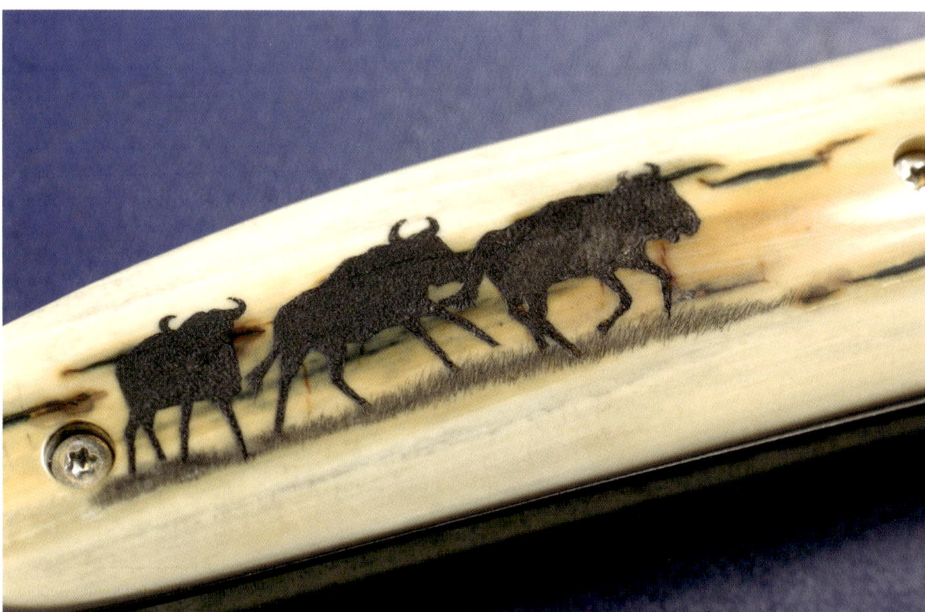

Hier ist der Unterschied zwischen der schwarzen Farbgebung (Gnus) und dem Grau der Grashalme zu erkennen.

4.9 Flächentechniken

4.9.1 Punktiertechnik

Beim Punktieren werden Flächen mit Nadeln oder Sticheln in feine Punktstrukturen aufgerastert. Man kann auf diese Weise sehr feine Resultate erzielen und hervorragende Hell-Dunkel-Übergänge erzielen. Die Dichte und Tiefe der Punkte bestimmt dabei den Grad der Schattierung.

In Punktiertechnik lassen sich nahezu alle Arten von Oberflächen darstellen. Diese Technik ist allerdings sehr zeitaufwändig, da man im wahrsten Sinne des Wortes nur punktweise vorankommt.

Je nach Schliff der Nadel oder des Stichels erzielt man unterschiedliche Effekte. Für dunklere, tiefere Strukturen verwende ich gerne etwas stärkere Nadeln mit einer leichten Facette an der Spitze. Das ermöglicht – unter der Vergrößerung betrachtet – einen pyramidenförmigen Abdruck. Die Farbe

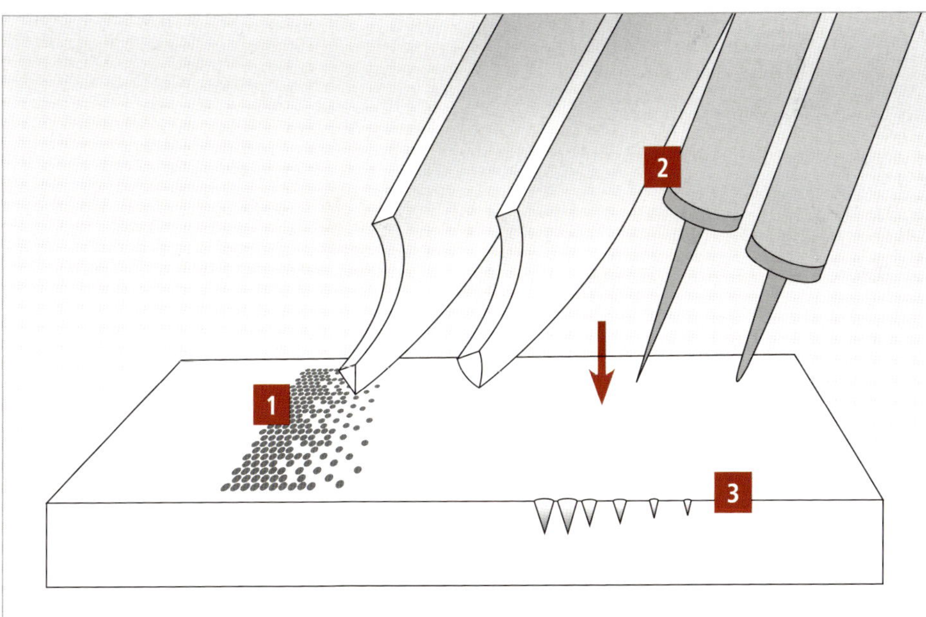

Punktiertechnik: Je nach Dichte (1) und Tiefe (3) der mit Nadel oder Stichel (2) gravierten Stiche ergeben sich nach dem Einfärben unterschiedliche Grau- oder Schwarz-Effekte.

hält sich darin sehr gut. Wenn man die Punkte „überlappend" setzt, wird der Effekt einer satten schwarzen Färbung noch besser. Dicht gesetzte Punkte, die trotzdem einen helleren Grau-Effekt erreichen sollen, graviere ich mit einem etwas stumpferen Winkel der Nadel.

Ein Tipp: Testen Sie Ihr Werkzeug und den gewünschten Effekt an einem Stück Probematerial – idealerweise dem gleichen Material, aus dem Ihr Werkstück besteht.

Die Nadel wird bei der Punktiertechnik durch leichte Auf-und-ab-Bewegungen in die Oberfläche gedrückt. Halten Sie die Nadel locker zwischen Zeigefinger und Daumen, so wie einen Bleistift. Die Betonung liegt auf locker! Bei zu festem Griff verkrampfen Sie recht schnell. Die Punktiergeschwindigkeit legen Sie letztendlich selbst fest. Bei größeren, einheitlich schwarzen Flächen kann man sich einen Sport daraus machen, wie schnell man vorwärts kommt. Ich unterbreche größere, einheitlich schwarze Flächen gerne, da man sehr leicht in ein monotones Arbeiten abgleitet.

Schwieriger wird es beim Punktieren von Übergängen. Hier entscheidet die Andrücktiefe und Dichte der Punkte über den erzielten Grauwert. Ich fange auch hier meist mit Schwarz an, um ein Gefühl für die Punkte und das Material zu erhalten. Dann arbeite ich mich langsam zu den helleren Tönen vor.

4.9.2 Linientechnik

Die Linientechnik ist die am weitesten verbreitete und traditionellste Technik der Scrimshaw-Gravur. Flächen werden dabei mit unterschiedlich dichten und tiefen Linien gefüllt. Es liegt hier am Graveur, zu bestimmen, in welchen Feinheitsgraden er gravieren will.

Die Entscheidung zwischen Linien und Punkten sollte vom Motiv und dem gewünschten Effekt abhängig gemacht werden. Die Gravur von Fell oder Haarstrukturen mit Punkten macht wenig Sinn. Hier bieten sich Linien viel eher an. Das Gravieren tieferer Linien erfordert oft einen gewissen Kraftaufwand, feinere Linien hingegen fordern vom Graveur entsprechendes Geschick und eine wirklich sichere und ruhige Hand.

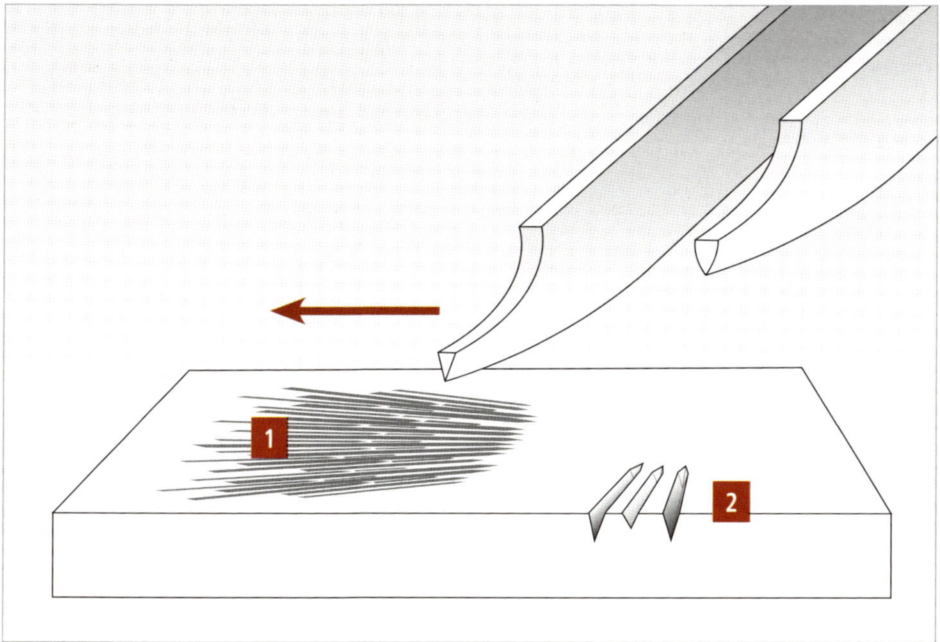

Linientechnik: Linien können je nach gewünschtem Effekt in verschiedenen Richtungen und Tiefen gezogen werden (1). Auch hier gilt die Formel, dass Dichte und Tiefe (2) den späteren Hell-Dunkel-Wert bestimmen.

Ich habe die Erfahrung gemacht, dass sich Nadeln mit Facetten am Schliff gut dazu eignen, tiefere Linien ins Material zu graben. Je spitzer der Winkel der Nadel ist, egal ob mit oder ohne Facette, desto besser eignet sie sich für die Gravur von feinen Linien. Je stumpfer der Winkel gewählt wird, desto mehr eignet sich die Nadel für tiefere Linien. Allerdings sollte der Winkel von 45 Grad nicht überschritten werden.

Linien können mit leichten Abständen in der Schraffur graviert werden, oder sie können sich überlappen. Sie können kürzer oder länger gewählt werden. Es liegt im Ermessen des Künstlers, sich hier festzulegen.

Ich empfehle jedem angehenden Scrimshaw-Graveur, eine Testplatte vorzubereiten. Zu Beginn ritzen Sie mit dem Stahllineal eine Karostruktur im Abstand von einem Zentimeter ein. Anschließend können Sie jedes dieser Karos

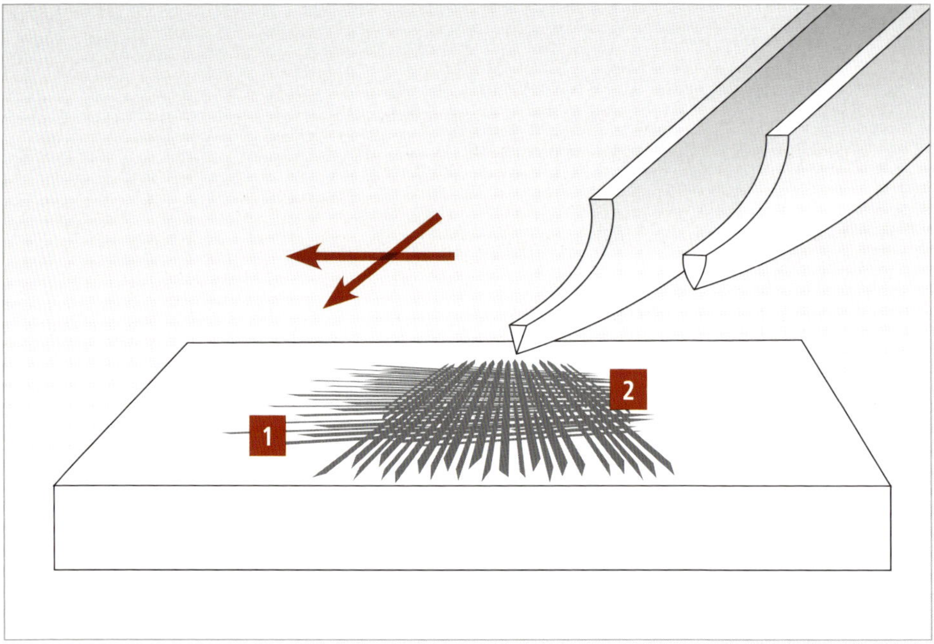

Kreuzlinientechnik: Durch das Überkreuzen von Linien (1) erhält man eine höhere Strukturdichte in der Gravur. Durch verschiedene Winkel in der Linienüberlagerung und die Gravurtiefe erzielt man die Hell-Dunkel-Abstufungen (2) nach dem Einfärben.

mit Linienstrukturen füllen. Versuchen Sie, jeder Fläche einen anderen Grauton zu geben, indem Sie jede Fläche mit einer anderen Strichtiefe oder Dichte versehen. Wer diese Übung absolviert hat, ist gerüstet für das erste frei gestaltete Motiv. Wer diese Übung nicht schafft, sollte sie so lange wiederholen, bis es klappt.

4.9.3 Kreuzlinientechnik

Die Kreuzlinientechnik ist eine Weiterführung der Linientechnik. Wie der Name sagt, werden die Linien in verschiedenen Kreuzlagen, also Winkeln, übereinander gelegt. Wie bei der Linientechnik bestimmen die Tiefe und Dichte über den erzielten Hell-Dunkel-Effekt. Ich verwende die Kreuzlinientechnik vor allem, wenn ich sehr dunkle Flächen füllen will – zum Beispiel, wenn ich ein Tiermotiv, das im Vordergrund steht, mit schwarzen Flächen umranden möchte.

SO FÜHREN SIE PUNZEN UND HAMMER

Das Punzieren ist am ehesten vergleichbar mit dem vorsichtigen Hämmern auf einen Nagel, der auf eine waagerechte Fläche gehalten wird. Sie halten den Punzen in Ihrer linken Hand (sofern Sie Rechtshänder sind). Zeigefinger und Mittelfinger auf der einen Seite, Daumen auf der anderen Seite des Punzen, halten Sie diesen fest im Griff. Der Punzen setzt im Idealfall mit der Spitze senkrecht auf der Oberfläche des Werkstücks auf. Je nach Anforderung kann der Punzen auch schräg geneigt angesetzt werden.

Die rechte Hand hält den Gravierhammer. Dabei liegt die Faust der rechten Hand um das Stielende des Hammers. Der Zeigefinger sollte zur besseren Führung am Hammerstiel oben gehalten werden, der Daumen als Druckgegenpunkt unterhalb bzw. seitwärts des Daumens.

Versuchen Sie nun mit vorsichtig federnden, leichten Schlägen auf den Punzen zu hämmern. Die „Kunst" besteht darin, nach jedem Schlag den Punzen etwas weiter zu bewegen. Es sollten sich leichte Abdrücke der Punzenspitze nebeneinander auf der Materialoberfläche abbilden. Die Dichte und Tiefe, und natürlich die Form der Punzenspitze, bestimmen den späteren Hell-Dunkel-Effekt, der sich nach den Einfärben ergibt. Das Punzieren verlangt einige Übung in Vorfeld, kann aber eine effiziente Technik sein, um zum Beispiel Hintergründe effektiv und zügig zu füllen.

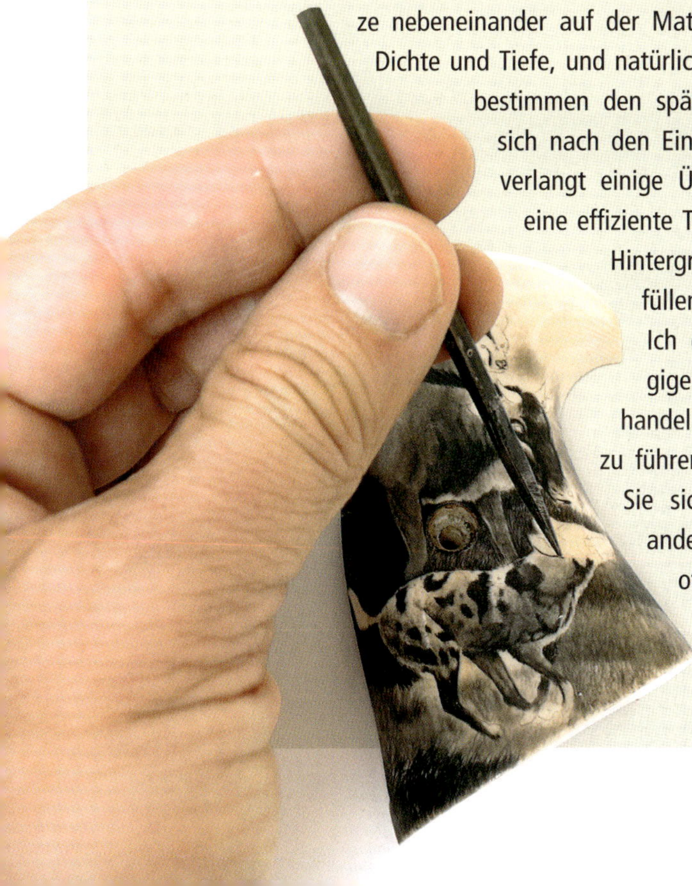

Ich empfehle Ihnen, einige gängige Stahlpunzen, die der Fachhandel anbietet, in Ihrem Werkzeug zu führen. Die Punzenspitzen können Sie sich bei Bedarf immer etwas anders anschleifen. Ich ändere oft den Winkel der Spitzen, um sie den Gegebenheiten der jeweiligen Scrimshaw-Gravur anzupassen.

Die Kreuzlinien müssen dabei auch nicht hundertprozentig parallel laufen. Das ermöglicht ein relativ ungezwungenes Arbeiten. Man kommt auch recht zügig voran. Auch für diese Technik kann ich nur wärmstens empfehlen, dass Sie auf einer Probeplatte Ihre ersten Kreuzlinien ausprobieren, bevor Sie sich an andere Motive wagen.

4.9.4 Punziertechnik

Eine recht spannende Angelegenheit ist das Punzieren von Punkten und Strukturen. Bei dieser Technik sind alle beiden Hände gefordert. Die Koordination beider Hände ist auch die große Herausforderung dieser Technik. Der Hammer wird in der rechten Hand gehalten, die Punze in der linken. Bei Linkshändern ist das natürlich umgekehrt.

Stellen Sie sich das ganze so vor, als ob Sie einen Nagel in ein Brett schlagen wollten – nur mit dem Unterschied, dass Sie den Nagel immer von einer Stelle zur nächsten bewegen und dass Sie nur sehr vorsichtig schlagen.

Durch das Schlagen auf die immer weiter rückende Punze strukturiert man die Oberfläche des Materials. Je nach Festigkeit des Schlags und je nach der Dichte der in das Material geschlagenen Strukturen erhält man entsprechende Hell-Dunkel-Effekte. Ich denke, dass die Punziertechnik eher für den fortgeschrittenen Graveur geeignet ist. Wer sie allerdings beherrscht, kann damit sehr schöne Effekte erzielen.

4.9.5 Schabtechnik

Bei der Schabtechnik werden nur feinste Schichten des Materials von der Oberfläche abgeschabt. Nach dem Einfärben erhält man meist einen mehr oder weniger hellen Grauton in der Oberfläche. Das kann effektvoll eingesetzt werden, wenn man zum Beispiel in einem Hintergrund kein Weiß haben will. Ich schabe gerne zuerst den Hintergrund vorsichtig ab, färbe die Fläche dann ein und schraffiere, punktiere oder punziere dann darüber. Man erhält dadurch einen starken Tiefeneffekt.

Als Werkzeug eignen sich sehr gut Skalpelle oder andere feine Messerklingen. Wichtig ist, dass Ihr Werkzeug scharfe Kanten aufweist. Hier ist auch

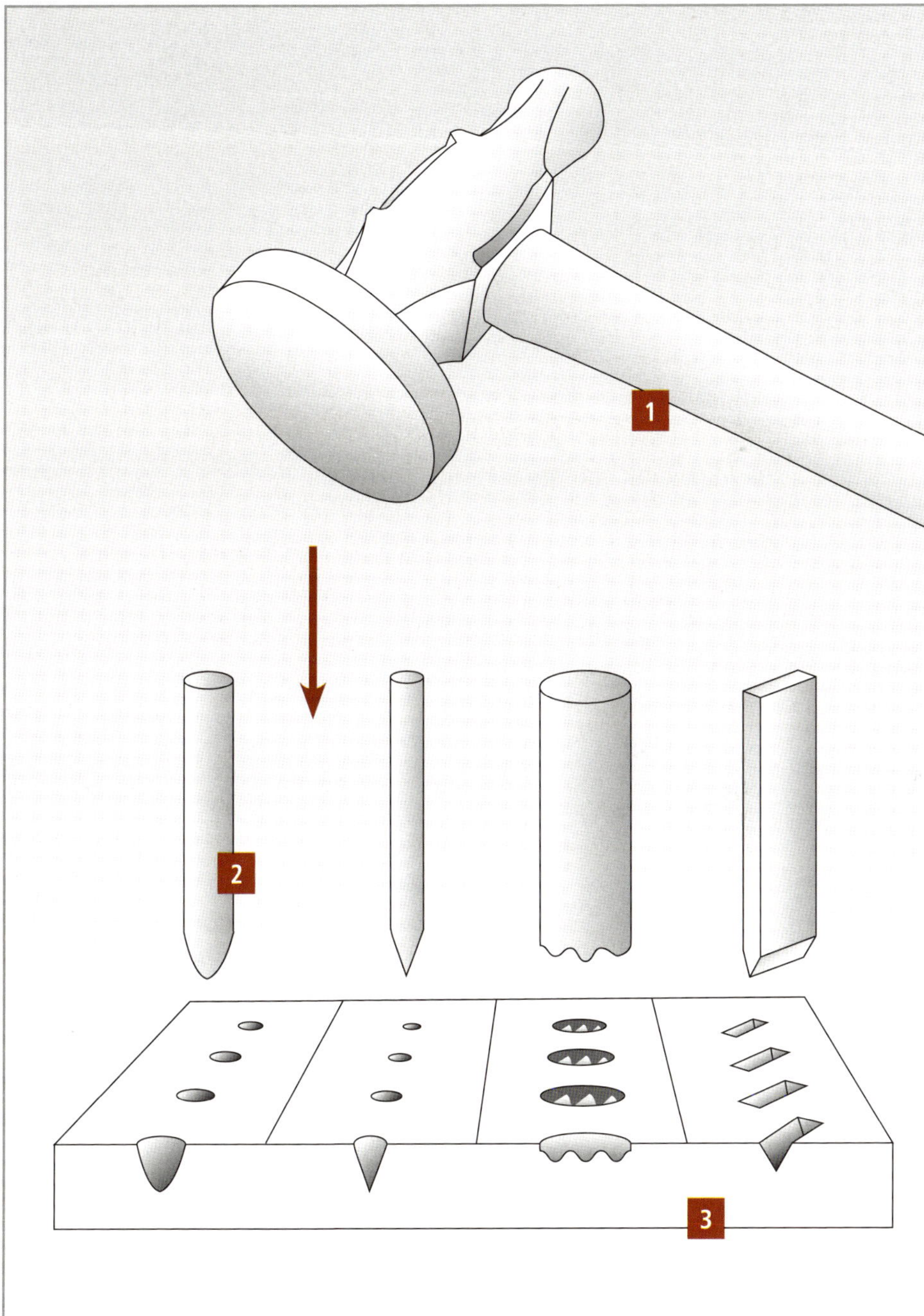

Punziertechnik: Durch Schlagen mit dem Hammer (1) auf den Punzen (2) entstehen im Material Abdrücke (3). Wichtig ist dabei eine möglichst senkrechte Haltung des Punzens.

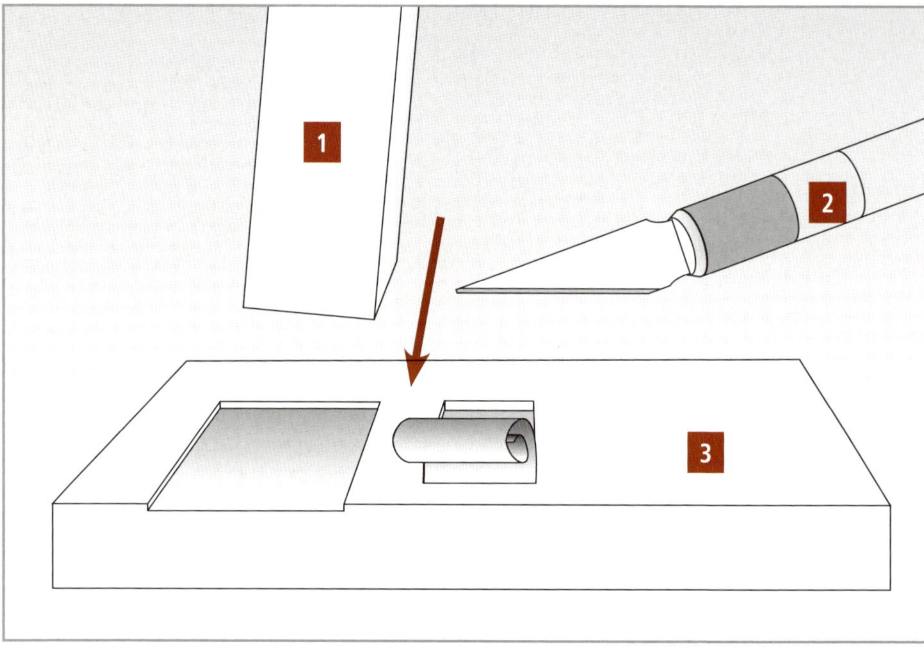

Schabtechnik: Mit angeschärften Vierkantstählen (1) oder Skalpellklingen (2) lassen sich die oberen Schichten aus vielen Materialien abschaben (3). Achten Sie dabei auf eine gleichmäßige Führung des Werkzeugs, und schaben Sie die Oberfläche nur leicht ab.

Improvisation gefragt: Testen Sie einige Messer oder auch Vierkantstähle, deren Kanten sich wunderbar für solche Zwecke einsetzen lassen. Ein Flachstichel ist auch gut dafür geeignet, erfordert aber mehr Übung.

4.9.6 Gemischte Strukturen

Ich finde das Mischen der aufgeführten Techniken am spannendsten. Man erzielt durch das Kombinieren die interessantesten Effekte. Wenn man zuvor nur ein „Instrument" gespielt hat, dirigiert man jetzt ein „kleines Orchester". Die Möglichkeiten sind fast unbegrenzt.

Das setzt aber voraus, dass jede einzelne Technik beherrscht wird. Ich empfehle jedem Scrimshaw-Graveur daher, sich zunächst ausführlich jeder Grundtechnik zu widmen, bevor er sich der gemischten Technik zuwendet.

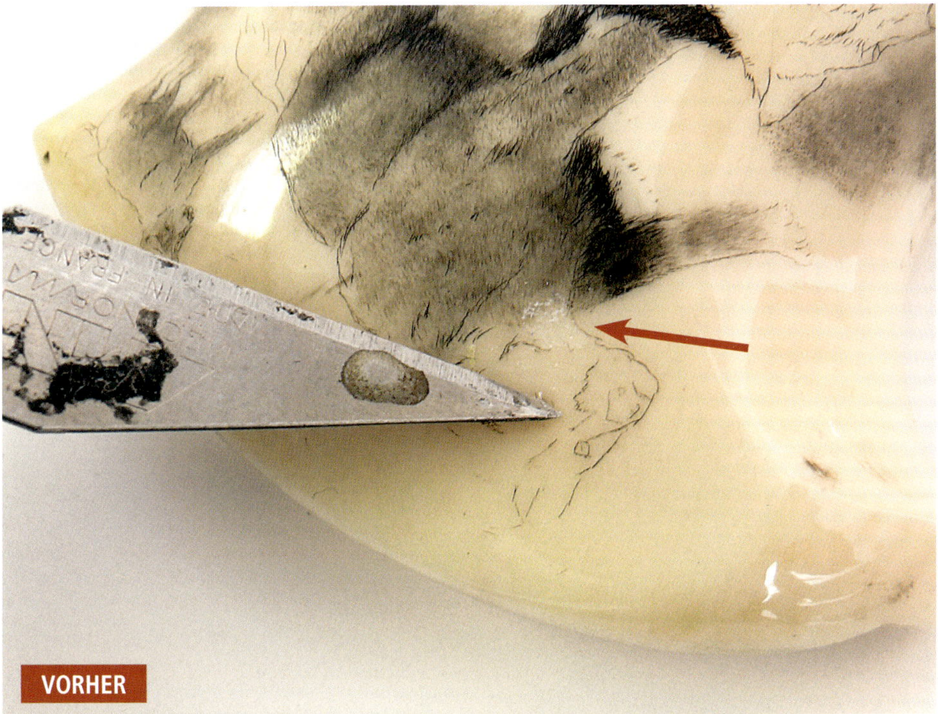

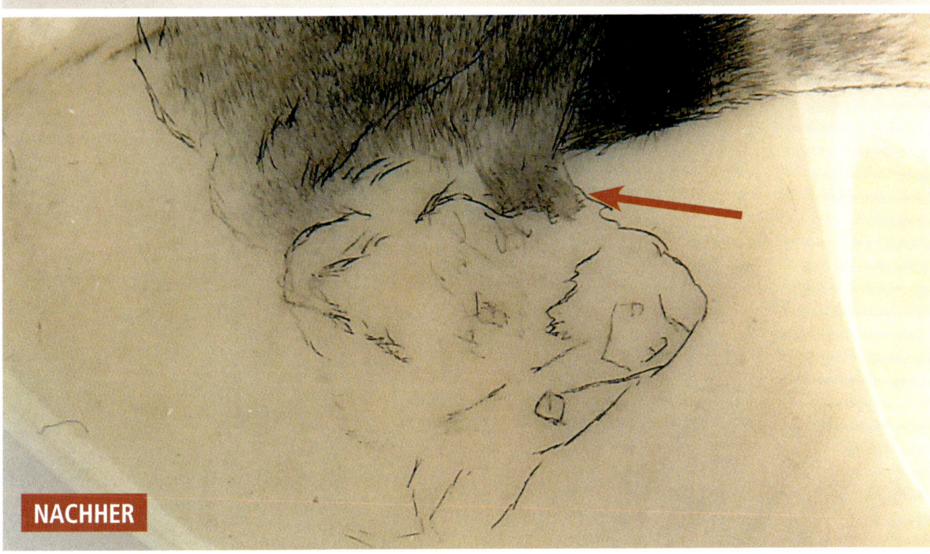

Nach dem Einfärben sind mit der Schabtechnik einheitlich dichte und helle Töne zu erzielen. Tipp: Ziehen Sie das Skalpell zuvor über ein grobes Schleifpapier ab. Dadurch erhalten Sie einen mikrofeinen „Sägezahneffekt" beim Abschaben der Materialoberflächen.

4.10 Aufhellen von Strukturen

Eine ganz spezielle Technik der Scrimshaw-Gravur ist das Aufhellen verschiedener Strukturen. Das kann auf unterschiedlichste Art bewerkstelligt werden. Es kommt vor allem darauf an, welche Strukturen mit welchem Zweck aufgehellt werden sollen.

Wenn eine gravierte Fläche aufgehellt werden soll, weil sie schlichtweg nach dem Einfärben zu dunkel geworden ist, kann man die ganze Fläche mit einem Baumwolllappen und Acrylpolitur vorsichtig abreiben. Die Intensität der Politur steuert den Grad der Aufhellung. Tasten Sie sich vorsichtig und langsam heran. Hier sind Erfahrung und Fingerspitzengefühl gefragt.

Wenn die Flächen kleiner sind oder gar mitten im Motiv liegen, können Sie die Politur auf ein Wattestäbchen geben und es damit vorsichtig versuchen. Bei wirklichen Miniflächen erzielen Sie die beste Wirkung mit Polituren, die Sie an sehr spitze Zahnstocher geben und damit wie mit einer Bleistiftmine polieren.

Die zweite Möglichkeit ist das bewusste Aufhellen von Strukturen. Das kann erforderlich sein, wenn zum Beispiel Glanzpunkte gesetzt werden sollen. Ein guter Helfer für diesen Zweck kann auch die Poliernadel sein. Damit werden bestimmte Stellen in der Gravur aufgewetzt. Dabei kommt je nach Intensität das Grundmaterial wieder zum Vorschein. Dieser Effekt lässt sich sehr gut einsetzen, wenn man dunkle Fell- oder Haarstrukturen mit hellerem Haar überdecken will. Wichtig ist allerdings, dass dieser Arbeitsvorgang immer zum Schluss der Scrimshaw-Gravur eingesetzt wird. Auf keinen Fall sollten Sie hinterher noch einmal nachfärben, da der Effekt sonst zunichte gemacht wird.

4.11 Herstellen von Übergängen

Das Herstellen von Übergängen ist die hohe Schule des Scrimshaw. Dabei geht es darum, ein harmonisches Übergleiten vom Hellen ins Dunkle der gravierten Strukturen herzustellen. Es gibt verschiedene Wege, die man zu diesem Zweck beschreiten kann. Die erste Variante ist es, die Strukturen in

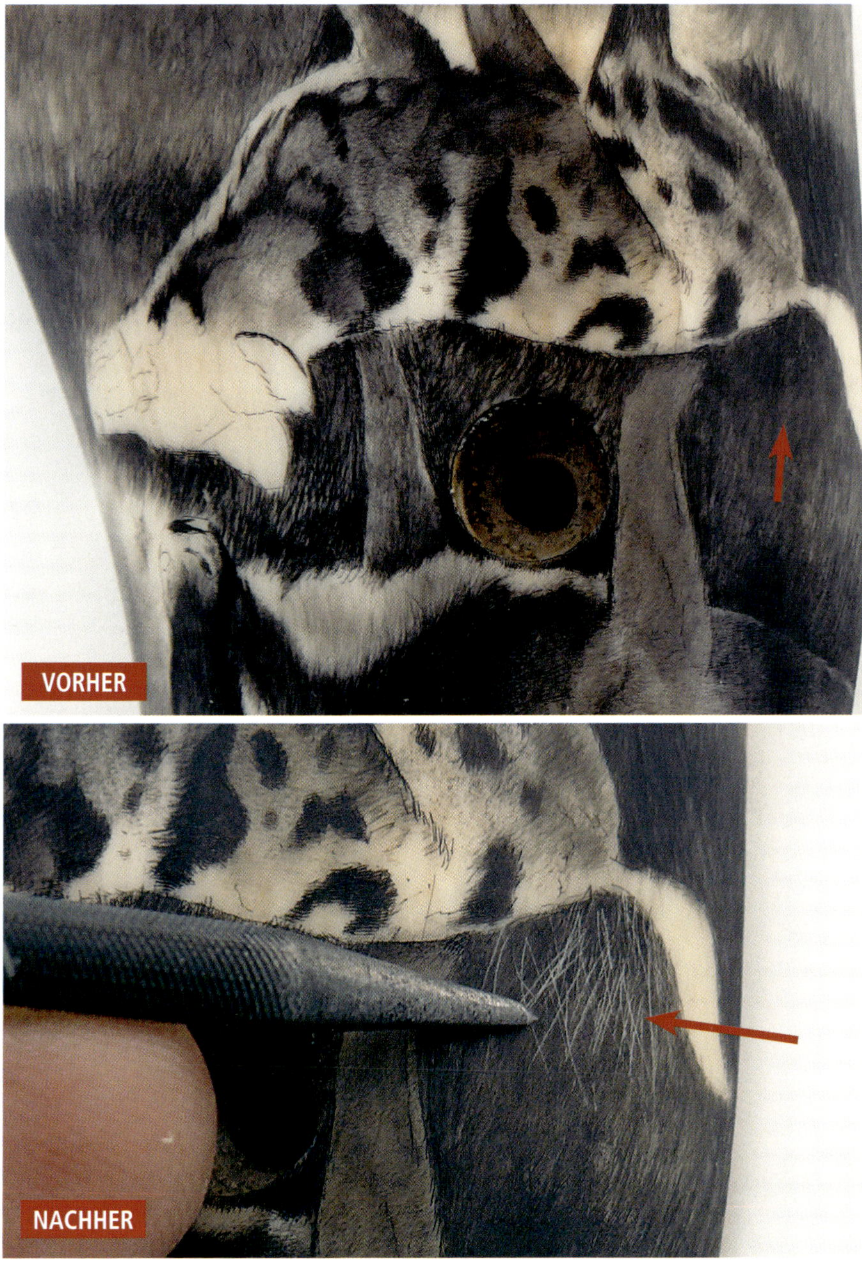

Eine leicht stumpfwinklig geschliffene Nadel eignet sich hervorragend, um aus dicht gravierten, dunkel eingefärbten Strukturen helle Linien herauszukratzen. Dieser Effekt lässt sich sehr gut bei der Gravur von Gras- oder Fellstrukturen einsetzen.

der Gravurtiefe zu ändern: Je tiefer man zum Beispiel einen Punkt graviert, um so dunkler wird er hinterher nach dem Einfärben. Je nach Materialart und Beschaffenheit muss man an jedem einzelnen Werkstück testen, wie sich die Strukturtiefe nach dem Einfärben auswirkt.

Eine andere Möglichkeit ist es, die Strukturen in ihrer Dichte verschieden anzuordnen. Je weiter Punkte oder Linien auseinander gesetzt werden, um so heller erscheinen die abgebildeten Strukturen.

Ein dritter Weg ist die Kombination aus diesen beiden Varianten. Weitere, leichter gestochene Linien und Punkte ergeben hellere Strukturen, tiefere und enger gehaltene Linien und Punkte ergeben dunklere Wirkungen.

Auch hier kann ich nur sagen: Ausprobieren geht über Studieren. Erstellen Sie sich eine „Trainingsplatte“ aus Ihrem Lieblingsmaterial, und legen Sie los!

Die Kombination von verschiedenen Techniken führt – wenn jede einzelne Technik wirklich beherrscht wird – zu einem echten Kunstwerk mit erstaunlich natürlicher Wirkung.

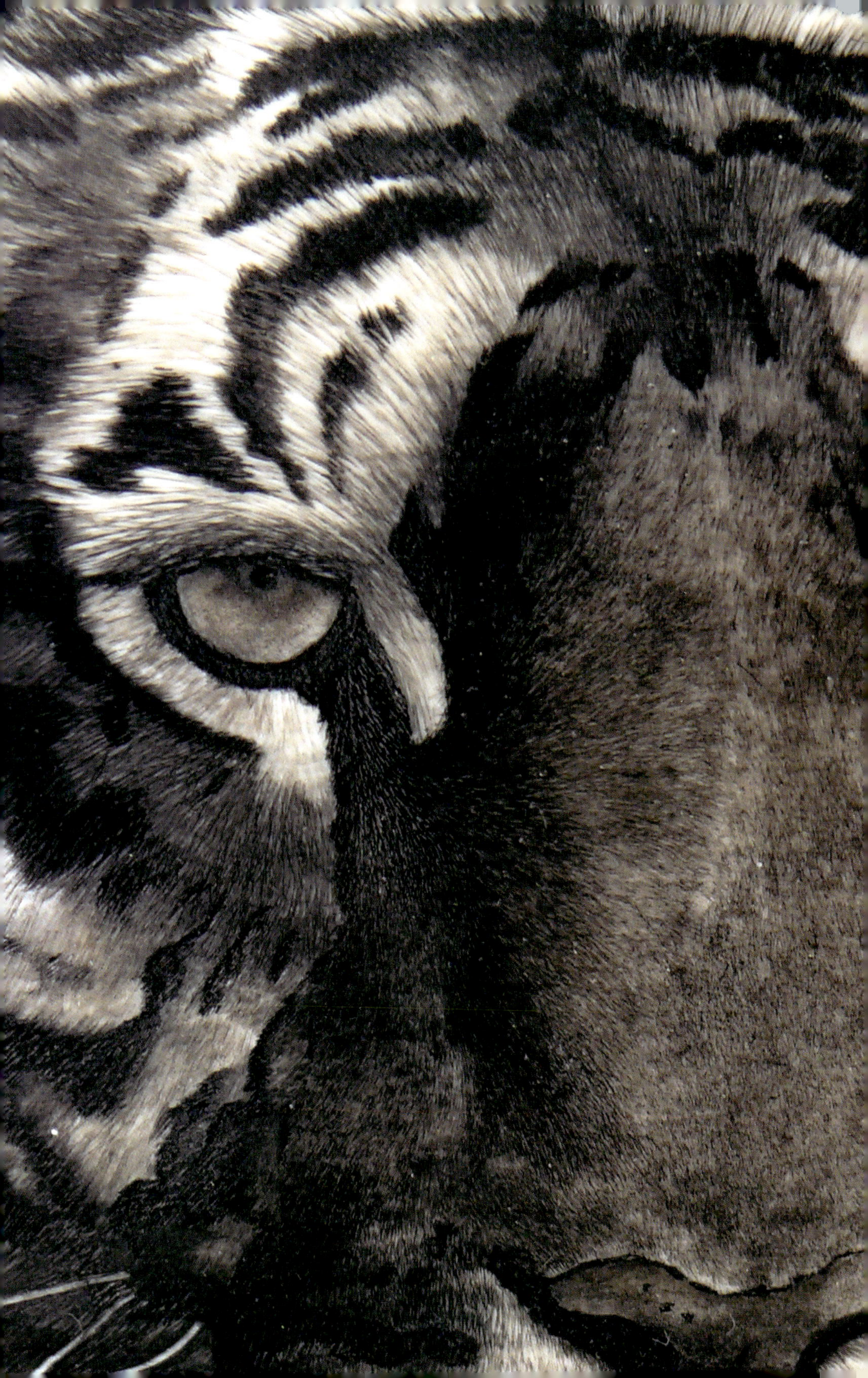

ÜBER DAS SAMMELN VON SCRIMSHAW

Scrimshaw ist eine Passion. Wenn der „Virus" einmal übergesprungen ist, kann Scrimshaw zu einer (gesundheitlich unbedenklichen) Sucht werden. Das Interessante daran ist nicht das Besitzen eines oder mehrerer Objekte, sondern die Auseinandersetzung damit. Steht ein graviertes Objekt an seinem vorgesehenen Platz, so strahlt es jedes Mal auf seinen Besitzer aus. Oft berichten mir Sammler davon, dass ihnen die Gravuren jedes Mal aufs neue Freude geben. Soviel zum philosophischen Teil.

Wer sich dazu entschlossen hat, Scrimshaw-Kunst zu sammeln, sollte auch noch andere Punkte beachten. Einer der wichtigsten ist: Wo platziere ich meine Sammlung? Beachten Sie dabei, dass die Objekte nie an einem zu trockenen Ort stehen sollten. Die Luftfeuchtigkeit sollte mindestens bei 45 Prozent liegen. Direkte Sonneneinstrahlung sollte auch vermieden werden. Die gravierten Materialien können bei falscher Platzierung Risse bekommen, Griffschalen zum Beispiel können schrumpfen. Ein ungeeigneter Platz ist zum Beispiel direkt über einem offenen Kamin, der regelmäßig in Gebrauch ist.

Ich habe von Sammlern gehört, die ihre Objekt nur im Tresor lagern. Ich finde es jedoch schade, wenn man solche Objekte dem Auge unzugänglich aufbewahrt. Andere Sammler berichten mir immer wieder voll Freude, wie sie jeden Tag ihre kleine Scrimshaw-Sammlung beim Betreten ihres Büros voll Freude betrachten und somit der Tag schon gut beginnt. Ich freue mich immer mit, wenn ich so etwas höre, denn darin liegt wohl der tiefere Sinn dieser Kunst.

Manchmal werde ich gefragt, wie man mit dem Scrimshaw-Sammeln am besten beginnt. Nun, ganz einfach: Schauen Sie sich nach passenden Objekten um und beginnen Sie mit dem Kauf des ersten. Doch das ist leicht gesagt. Ich denke, es ist wichtig, welchen Zugang man zu der Thematik Scrimshaw hat. Ich kenne einen Sammler, der eigentlich mit Scrimshaw als Kunstform gar nichts am Hut hatte. Seine Leidenschaft war das Sammeln von Elefanten.

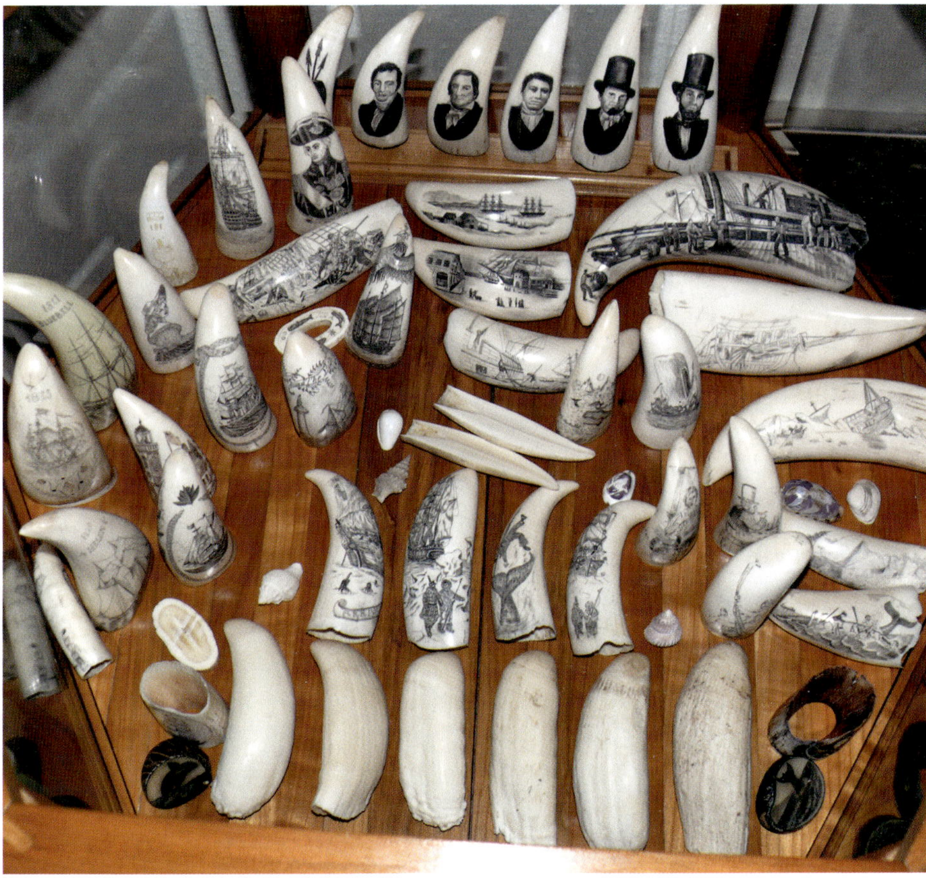

Oft werden antike Stücke über Jahrzehnte gesammelt und zusammengetragen. Ob die Sammlung rein maritim oder nach speziellen Themen ausgerichtet ist, ändert sich oft im Laufe der Jahre.

Nachdem er dann das erste Mal einen in Scrimshaw-Technik gravierten Elefanten gesehen hatte, durfte der in seiner Sammlung nicht fehlen. Es folgten dann noch weitere.

Andere Sammler beschäftigen sich zum Beispiel mit maritimer Kunst. Scrimshaw mit maritimen Motiven ist dann fast automatisch ein Bestandteil solcher Sammlungen. Wiederum andere Menschen stolpern rein zufällig auf einer Ausstellung oder in einem Buch über diese Kunstform und sind fasziniert von der Feinheit dieser Miniaturkunstwerke.

Aus welcher Richtung Sie sich dem Thema auch nähern – ich denke, es lohnt sich, wenn Sie sich im Vorfeld mit Scrimshaw etwas auseinandersetzen. Lesen Sie Bücher zum Thema, informieren Sie sich im Internet. Oft ist das persönliche Gespräch mit einem Künstler oder Händler ein wichtiger Schritt. Die besten Resultate kommen zustande, wenn Kunde und Künstler sich im Vorfeld einer Gravur intensiv über das Thema austauschen.

Die Geschmäcker sind zum Glück verschieden. Was dem einen gefällt, muss dem anderen noch lange nicht zusagen. Ich erinnere mich noch gut an eine Begebenheit zu Beginn meiner Tätigkeit als Graveur: Auf einer Jagdmesse stellte ich einige meiner ersten Scrimshaw-Arbeiten aus. Ein Interessent, der sich als Jäger und Naturkenner vorstellte, begutachtete einen gravierten Rothirsch. Er fand ihn eigentlich ganz gelungen, stellte dann aber fest, dass das Gehörn nicht ganz zur Größe des Rumpfes passte. Er verabschiedete sich und ging weiter. Am nächsten Tag kam ein anderer Interessent an den Messestand. Wie sich herausstellte, auch ein Waidmann. Er sah diesen Hirsch und geriet ins Schwärmen: Der schönste Hirsch, den er jemals gesehen hatte...

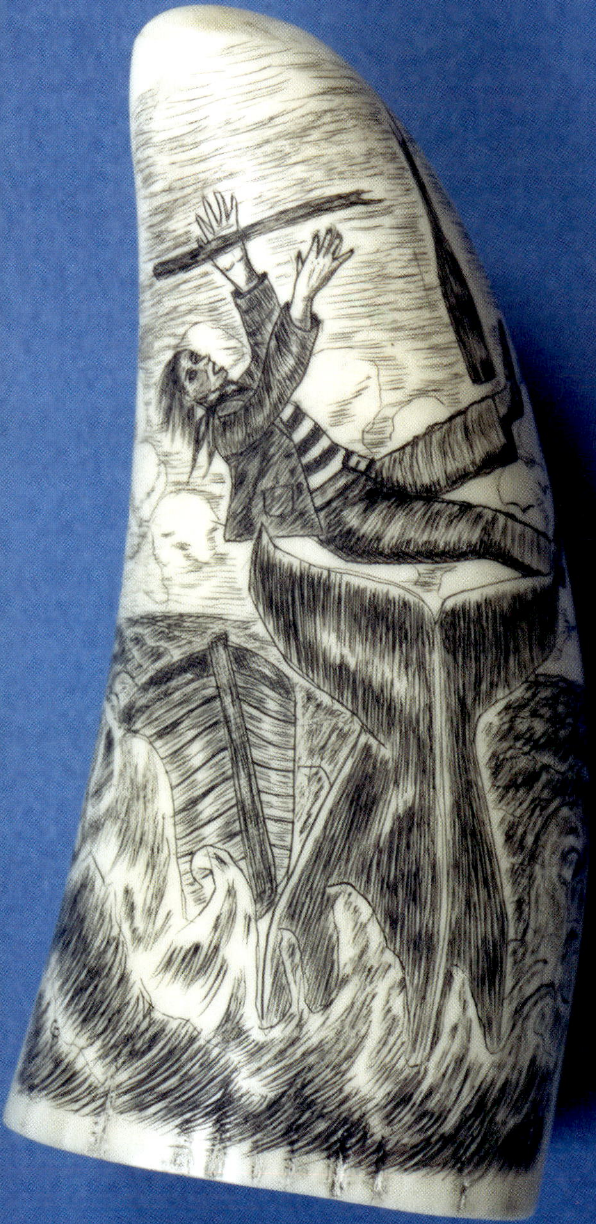

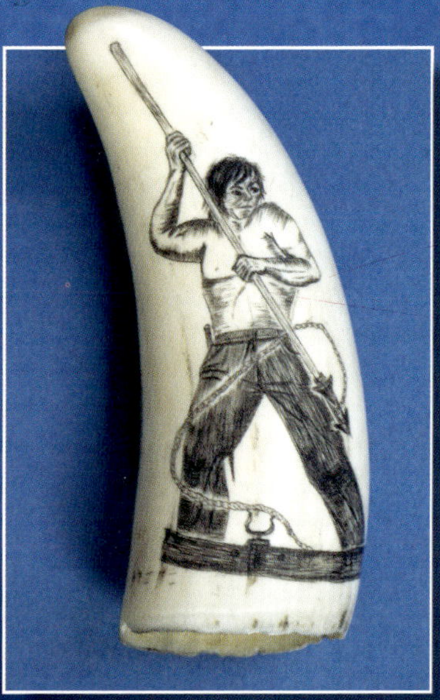

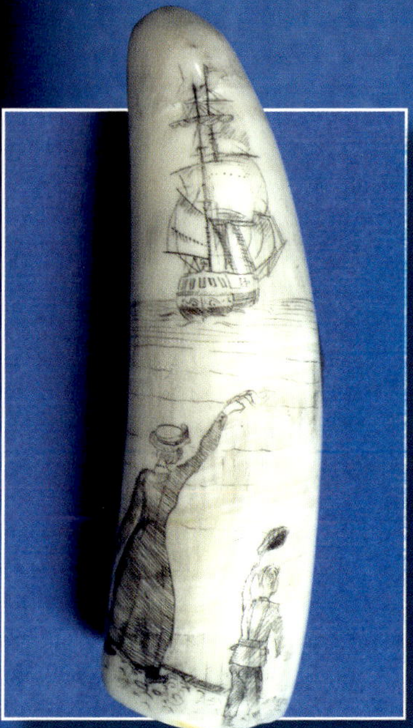

**Scrimshaw in seiner Urform,
naiv und eindrucksvoll. Die maritimen Kunstwerke aus früheren Epochen sind oft nur noch in Sammlungen von Museen zu bewundern.**

SCHLUSSWORT

Ich bin mir sicher, dass der eine oder andere Leser schon während des Lesens der einzelnen Kapitel mit der Umsetzung der ersten Gravurschritte begonnen hat. Dieses Buch soll ja ein „Praxisbuch" sein. Ein Buch, das man immer wieder zum Nachschlagen hervorholt und darin blättert. Ich habe versucht, den Leser langsam und in einfachen Schritten an das Thema Scrimshaw heranzuführen.

Natürlich werden bei der praktischen Arbeit immer wieder neue Detailfragen auftauchen. Das ist bei mir genauso: Es vergeht kaum ein Tag, an dem ich mich nicht wieder vor einer neuen technischen oder künstlerischen Herausforderung sehe. Manchmal überlege ich dann nächtelang, wie ein technisches Problem zu lösen ist. An anderen Tagen dauert es nur Minuten, eine Lösung zu finden.

Jedes Material ist anders, jedes Motiv und dessen Umsetzung auch. Daraus ergeben sich unendlich viele verschiedene Wege, die man beschreiten kann. Wie sagt man so schön? Der Weg ist das Ziel. In Bezug auf die Scrimshaw-Gravur kann ich das nur bestätigen.

Verzagen Sie nicht, wenn etwas mal nicht so funktioniert, wie Sie es gerne hätten. Versuchen Sie nie, mit Gewalt zum Ziel zu kommen. Wenn eine Arbeit gerade schlecht laufen sollte, dann legen Sie sie einfach weg und arbeiten an einer anderen weiter. Gönnen Sie sich einfach ein paar Tage Abstand. Keine Angst, Sie werden in dieser Zeit sicher nicht alles vergessen oder verlernen. Nein, Sie werden feststellen, dass es danach besser läuft und Sie mit neuem Elan und frischen Ideen an die Sache herangehen. Scrimshaw braucht Zeit. Zeit für den Künstler, um daran zu wachsen. Zeit, um eine Gravur zu erschaffen.

Scrimshaw wird Sie stets an Ihre Grenzen bringen. Je länger Sie sich damit intensiv beschäftigen, um so mehr werden Sie mit den Aufgaben wachsen. Freuen Sie sich an dem, was Sie tun, und es wird Ihnen stets gelingen.

Ich wünsche Ihnen viel Freude mit der Kunst der Scrimshaw-Gravur und lade Sie ein, den nachfolgenden Galerieteil mit einer Auswahl von Gravurarbeiten zu genießen. Vielleicht lassen Sie sich davon inspirieren.

Zum Abschluss möchte ich mich noch herzlich beim Team des Wieland Verlags für die Umsetzung und Unterstützung bei diesem Buchprojekt bedanken. Auch allen Freunden und Liebhabern dieser Kunst, die mich von Anfang begleiteten und mich ständig ermutigten, sei an dieser Stelle gedankt. Nicht zu vergessen Egon Trompeter, der mich als langjähriger Freund und Geschäftspartner begleitet und mir sein Wissen weitergab.

Dezember 2009

Richard „Ritchi“ Maier

GALERIE

Auf den folgenden Seiten habe ich einiger meiner Scrimshaw-Arbeiten zusammengestellt. Es handelt sich um unterschiedliche Motive und Arbeitstechniken. Ich hoffe, Ihnen so einen Überblick über das Spektrum meiner Arbeit geben und Sie zu eigenen Ideen anregen zu können.

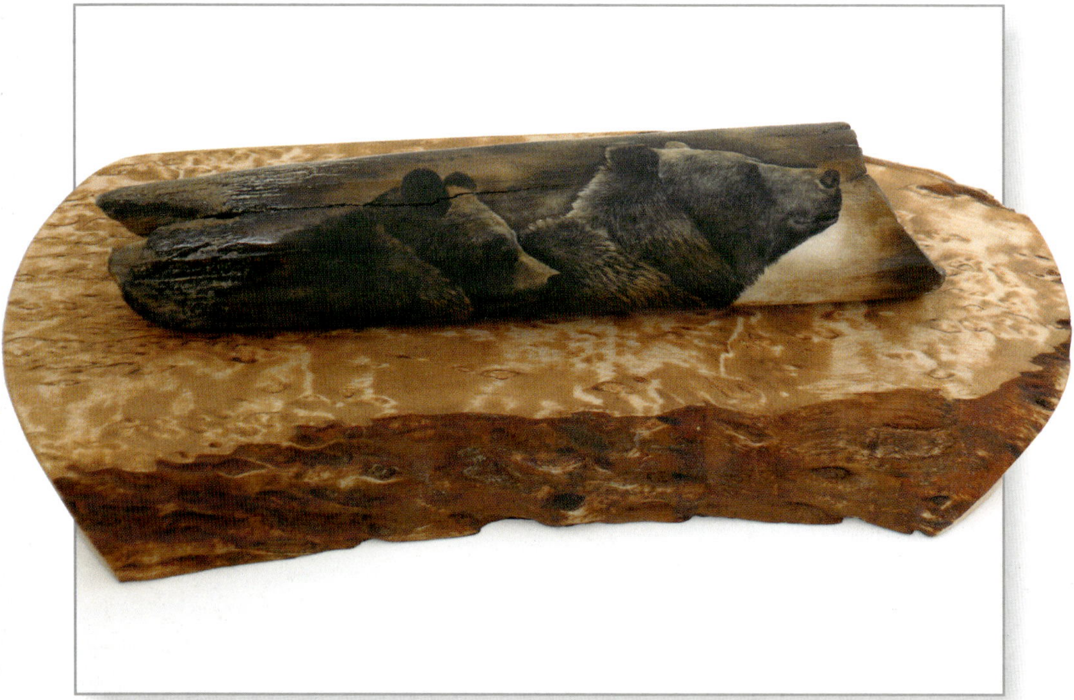

„Bear Family"
(Fossiles Mammutelfenbein, Zahnstück)
Durch die intensive Grundfärbung des Materials kam für mich nur ein Motiv im „Gegenlicht" in Frage, mit weichen Kontrasten und geringen Lichtreflexen.
Bären bieten sich bei stark gefärbten Materialoberflächen gut an. Die „Lichtquelle" im Hintergrund bildete die einzig helle Stelle in diesem Zahnfragment aus Mammutelfenbein.

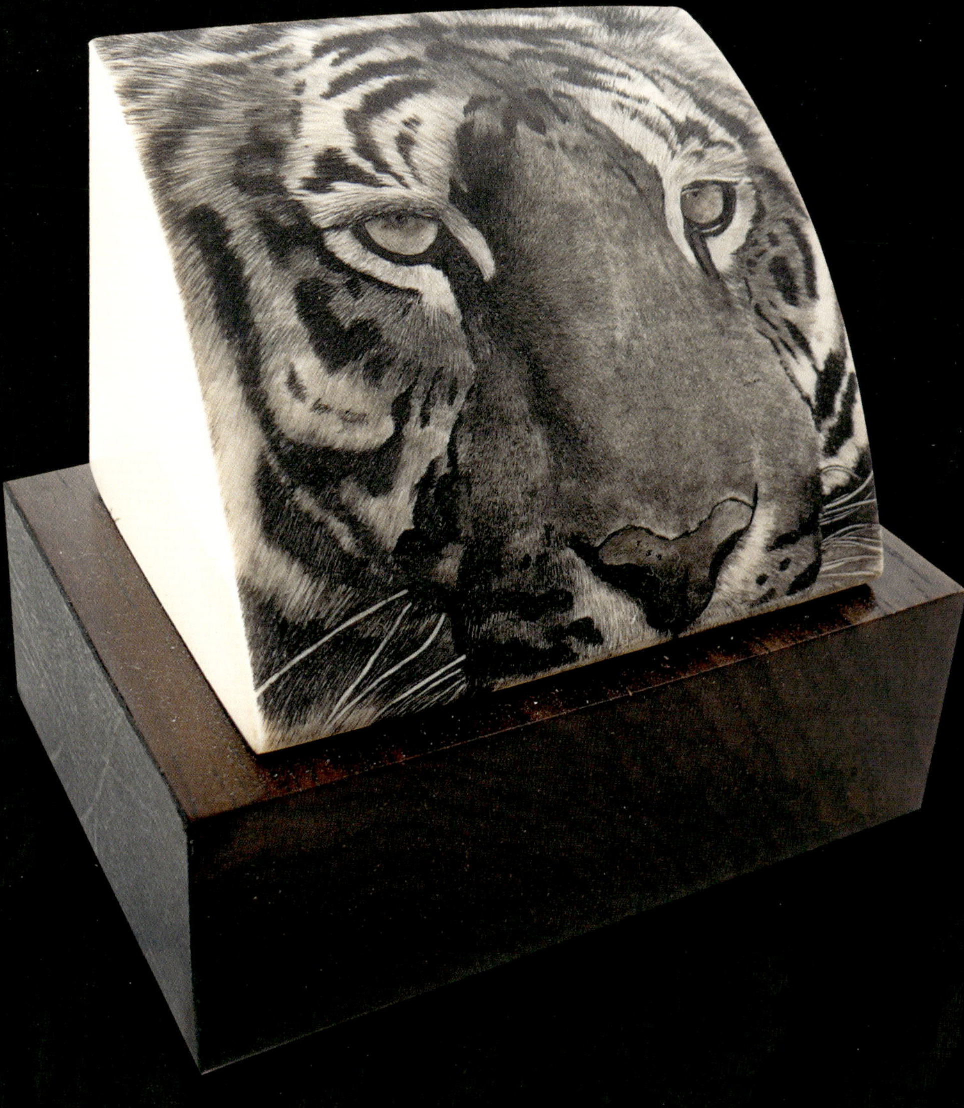

„Tiger Face“
(Fossiles Mammutelfenbein, stabilisiert, auf Ebenholzsockel)
Tiere mit Flecken oder Streifenstruktur baue ich immer in mindestens zwei „Ebenen“ auf. Die erste Ebene ist der Tiger ohne seine Streifen. In der zweiten Ebene lege ich die Streifen und Flecken im Fell darüber. Die Schnurrhaare werden hell gelassen und ausgespart. Das bedeutet aber auch, dass alle dunklen Partien um die wenige Zehntel breiten Schnurrhaare graviert werden. Das ist ein zeitlich und technisch aufwändiger Arbeitsvorgang.

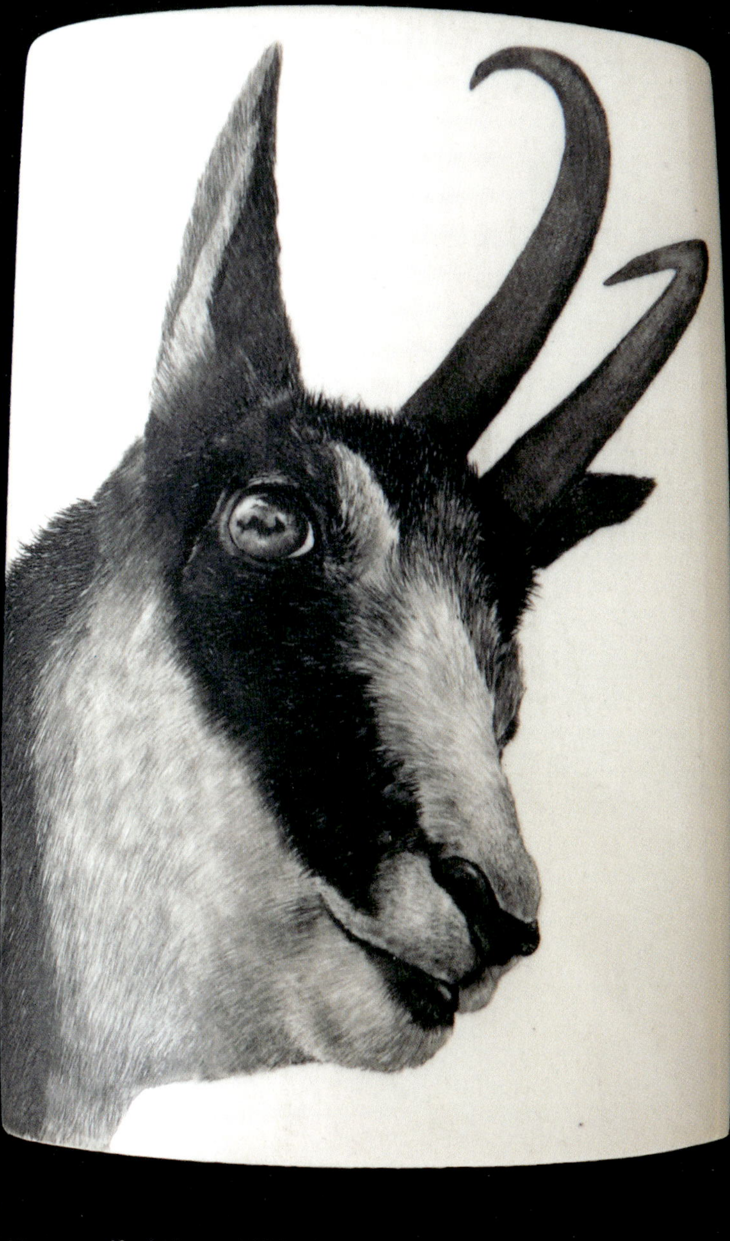

„Gams"
(Fossiles Mammutelfenbein, stabilisiert)
Eine zentrale Rolle in diesem Motiv spielt das Auge mit seinen verschiedenen Schattierungen. Durch den weißen Hintergrund des Mammutelfenbeins habe ich die hellen Passagen im Fell der Gams mit verschieden hellen Grautönen versehen, um einen Kontrast herzustellen.

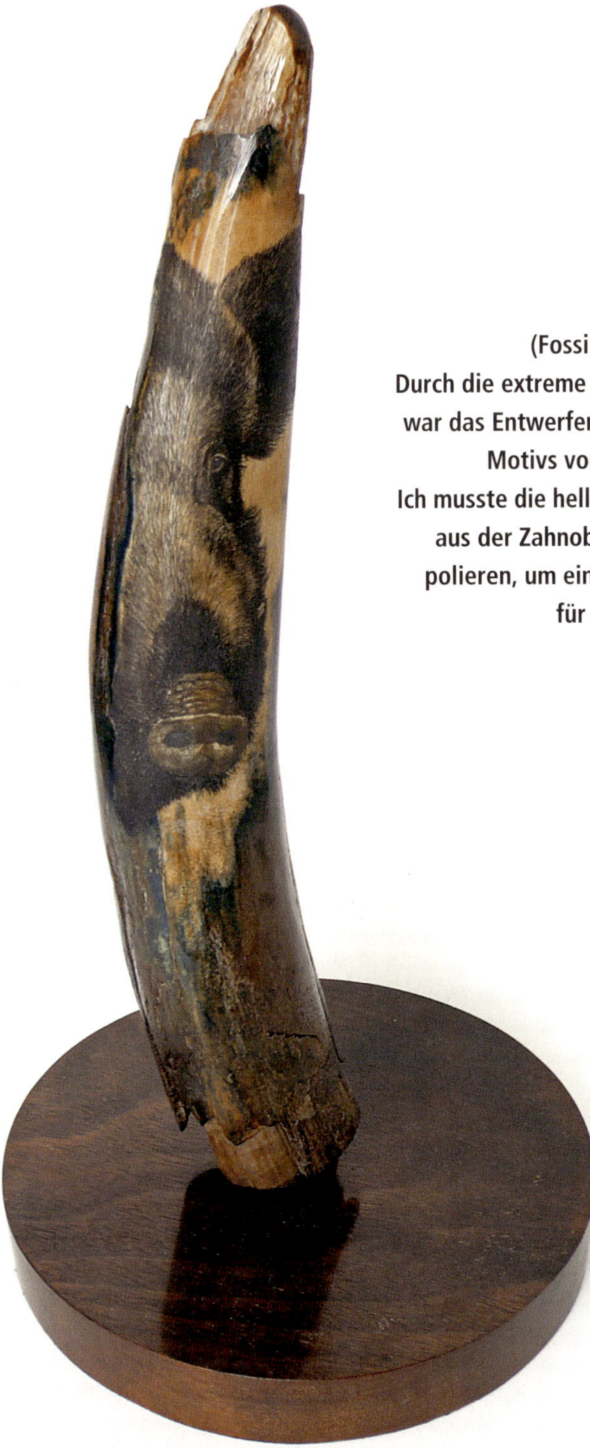

„Wild Boar"
(Fossile Mammutzahnspitze)
Durch die extreme Wölbung dieses Zahns war das Entwerfen und Gravieren dieses Motivs von Beginn an schwierig. Ich musste die helleren Stellen vorsichtig aus der Zahnoberfläche schleifen und polieren, um ein geeignetes „Fenster" für das Motiv zu erhalten.

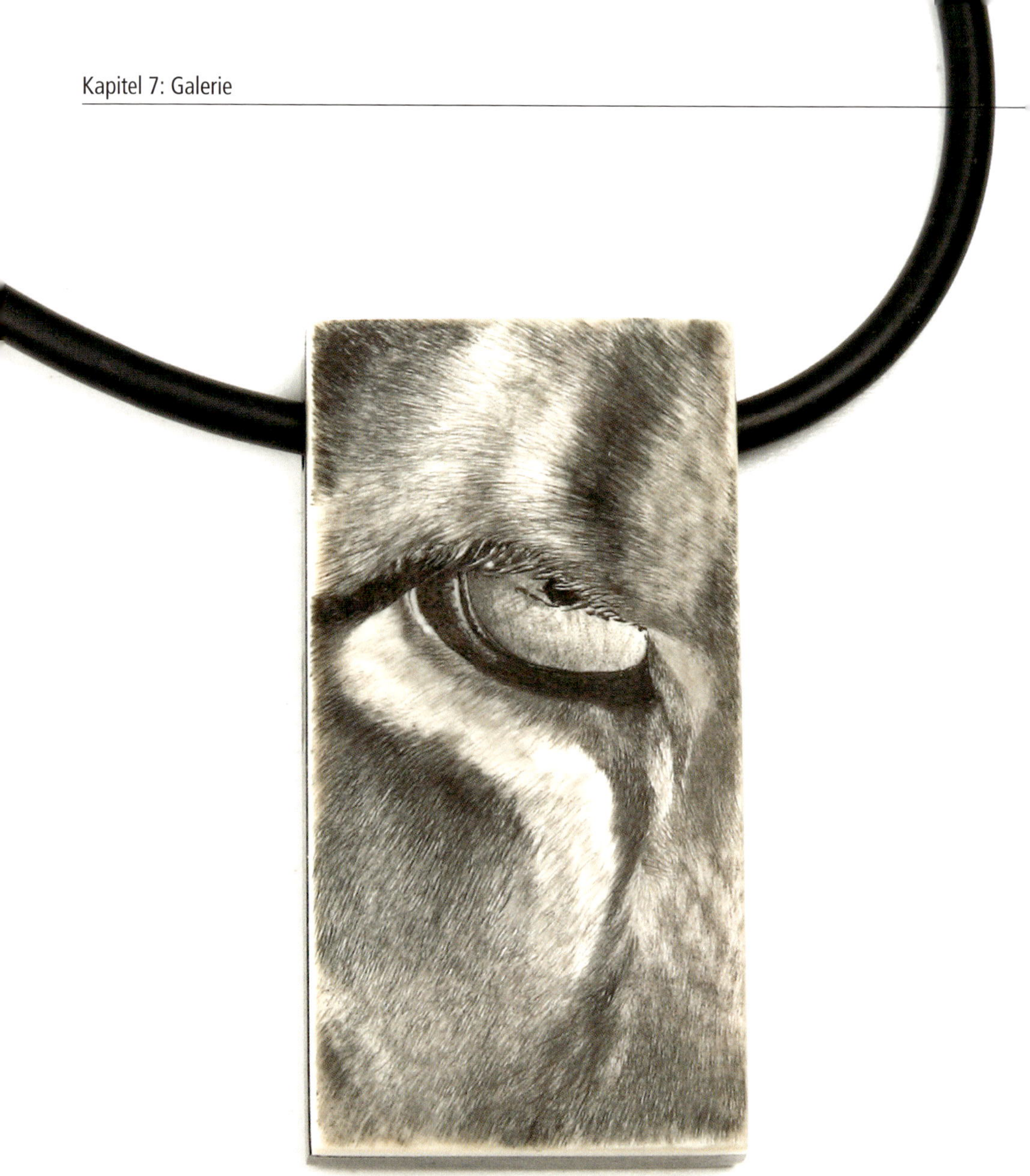

„Lion Eye“
(Anhänger, fossiles Mammutelfenbein, stabilisiert)
Tieraugen faszinieren mich jedes Mal aufs neue. Ich graviere sie gerne auf Anhänger und versuche dabei, auch die „Seele“ hinter dem Auge einzufangen und wiederzugeben.

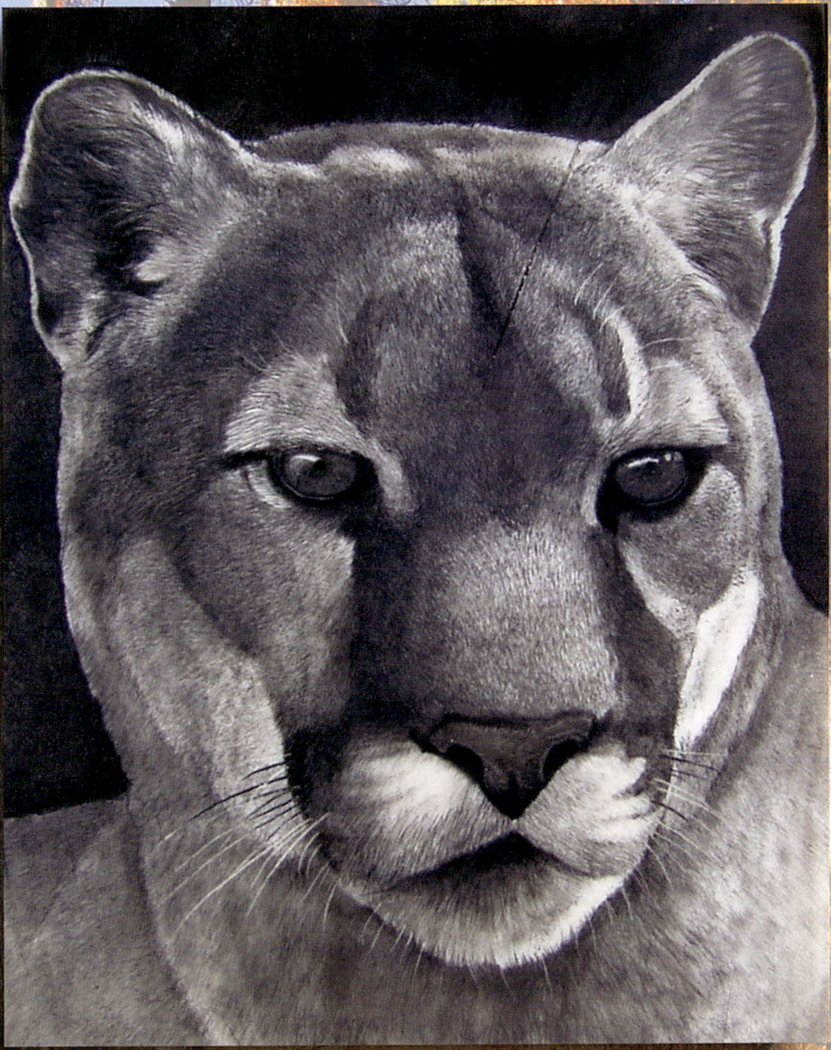

„Cougar“
(Fossiles Mammutelfenbein, stabilisiert)
Das Gesicht und die Fellstrukturen eines Pumas sind geprägt von verschiedenen Farbtönen und Haarlängen. Die „Kunst“ ist es, auch das Majestätische seines Wesens in der Gravur einzufangen.

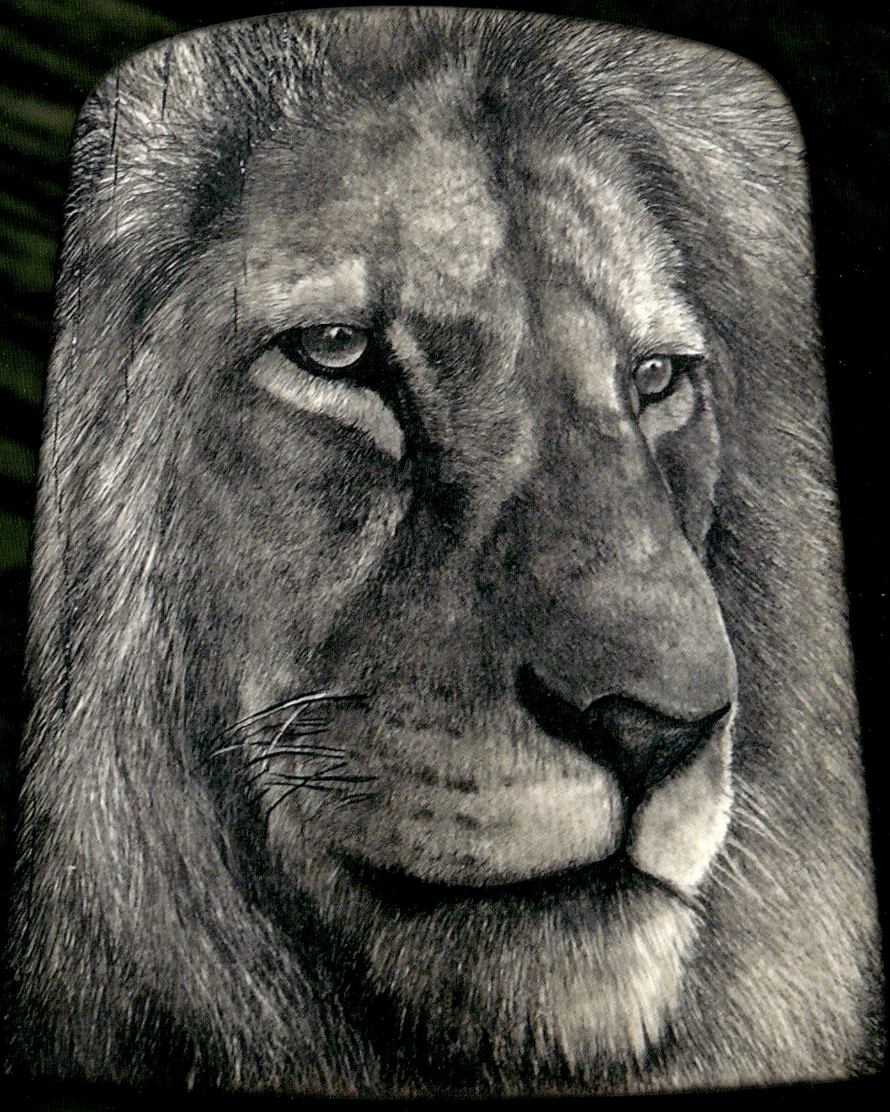

„Elephant and Lion" aus der Kollektion „Big 5"
(Fossiles Mammutelfenbein auf Ebenholzsockel)
Dieser Mammutzahn mit einer Höhe (ohne Sockel) von 47 Zentimetern war eine besondere Herausforderung. Die Fläche von etwa 990 Quadratzentimetern galt es erst einmal zu füllen. Wenn man das Voranschreiten einer Scrimshaw-Gravur in Quadratmillimetern berechnet, ein sehr zeitaufwändiges Unterfangen. Eine weitere Schwierigkeit war es, die Wölbung mit in den Entwurf einzubeziehen. Oberflächenfärbung und Risse im Material galt es ebenfalls zu berücksichtigen.

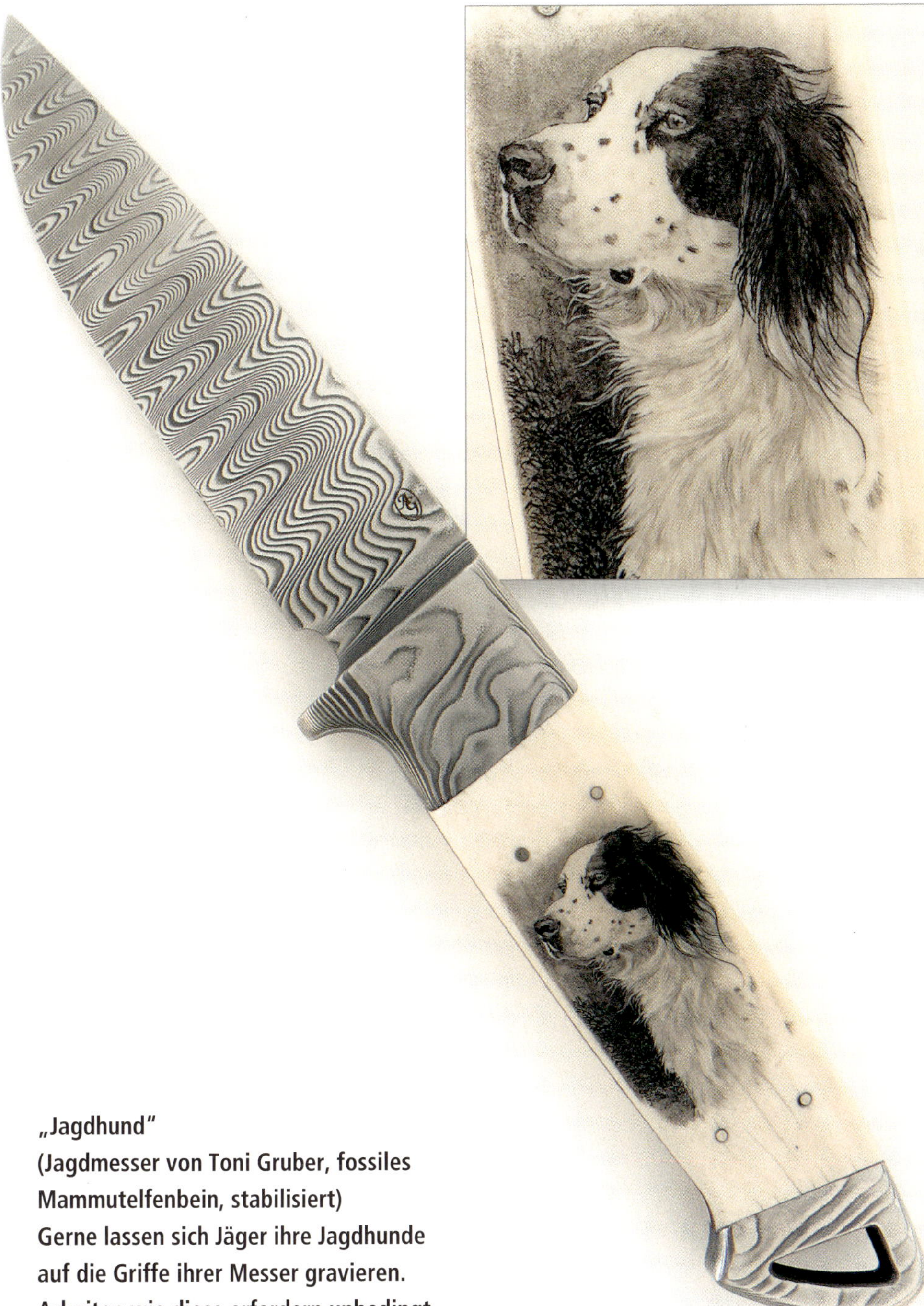

„Jagdhund"
(Jagdmesser von Toni Gruber, fossiles Mammutelfenbein, stabilisiert)
Gerne lassen sich Jäger ihre Jagdhunde auf die Griffe ihrer Messer gravieren. Arbeiten wie diese erfordern unbedingt ein Mikroskop oder eine gute Lupe.

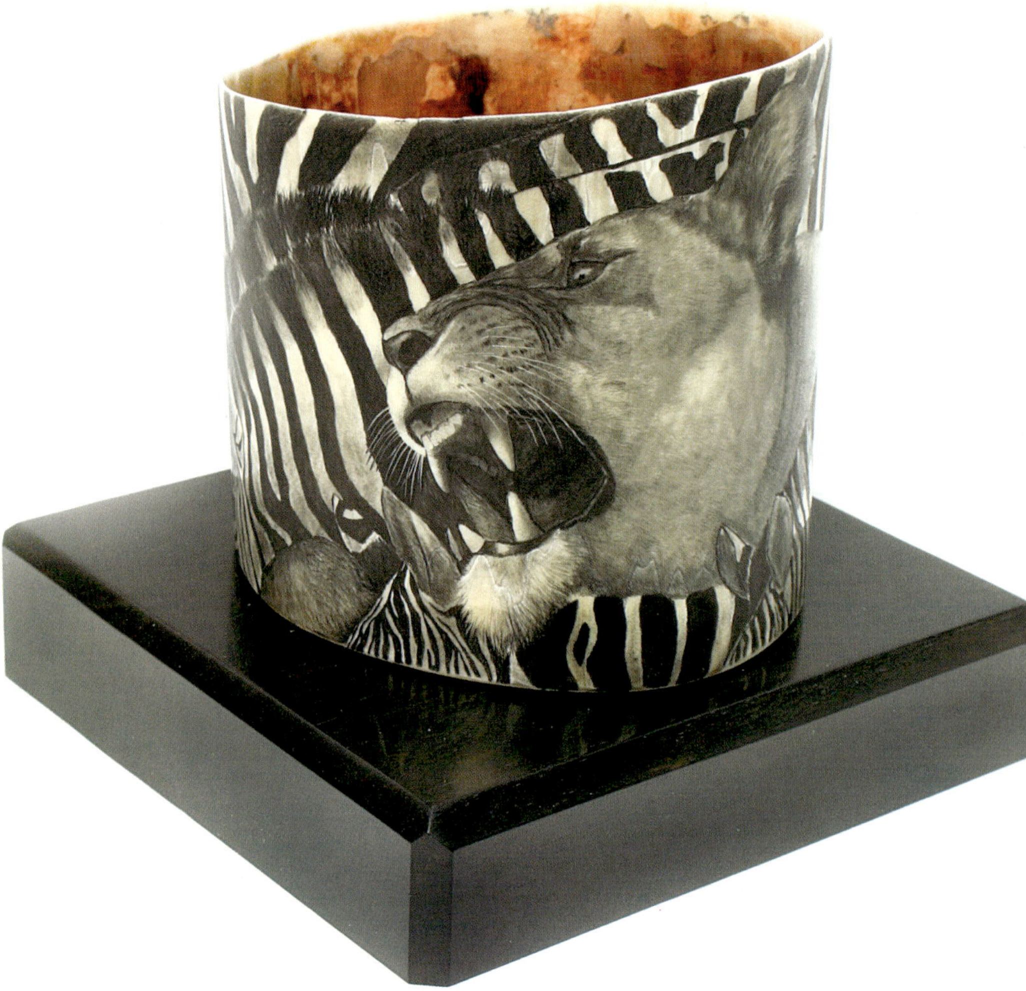

„Zebrasimba"

(Armreif, fossiles Mammutelfenbein)

Das Motiv des Armreifs bestand aus dem kontrastreichen Muster von Zebrafellen und jagenden Löwen. Die Grautöne der Löwen bilden einen Gegenpol zum Schwarz-Weiß der Zebras.

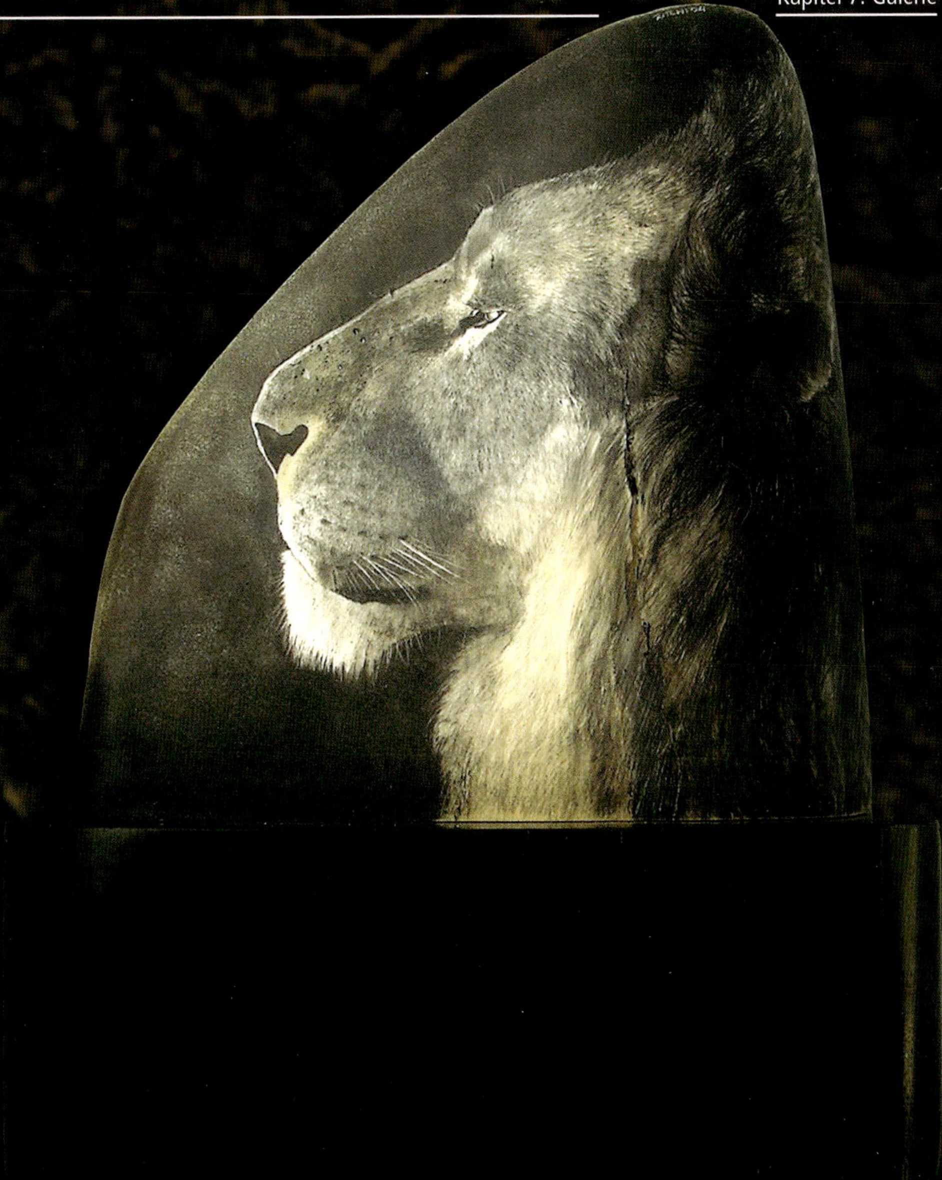

„Lion Head“
(Fossiles Mammutelfenbein, stabilisiert, auf Ebenholzsockel)
Diese Löwengravur interessierte mich in ihrer Darstellung besonders durch das Spiel von Licht und Schatten. Selten werden männliche Löwen in einer Profilansicht dargestellt. Durch den dunkel gehaltenen Hintergrund heben sich die Konturen des Kopfes besonders gut vom Licht- und Schattenspiel ab. Sehr zeitaufwändig war es allerdings, den Hintergrund zu punktieren.

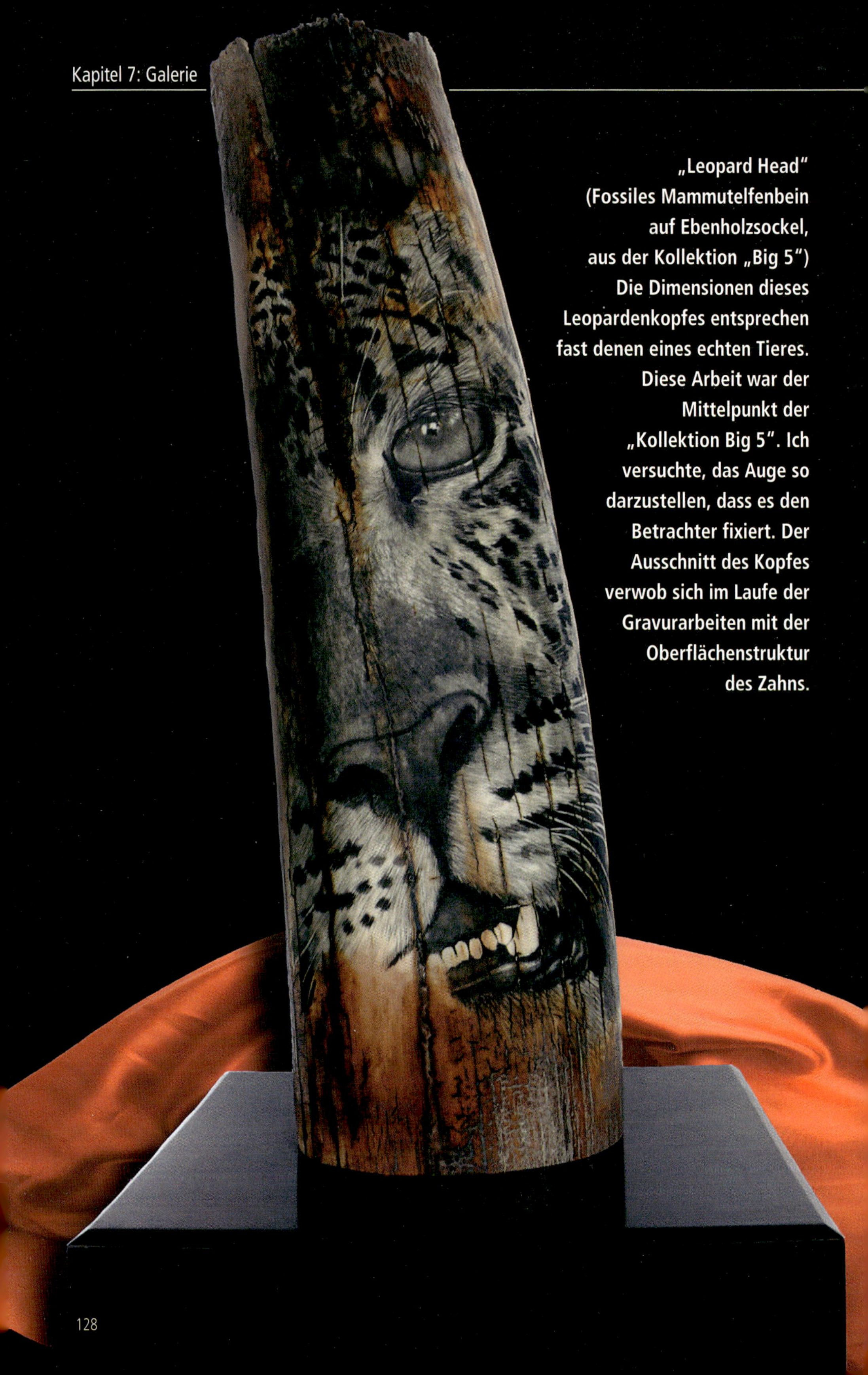

„Leopard Head"
(Fossiles Mammutelfenbein auf Ebenholzsockel, aus der Kollektion „Big 5")
Die Dimensionen dieses Leopardenkopfes entsprechen fast denen eines echten Tieres. Diese Arbeit war der Mittelpunkt der „Kollektion Big 5". Ich versuchte, das Auge so darzustellen, dass es den Betrachter fixiert. Der Ausschnitt des Kopfes verwob sich im Laufe der Gravurarbeiten mit der Oberflächenstruktur des Zahns.

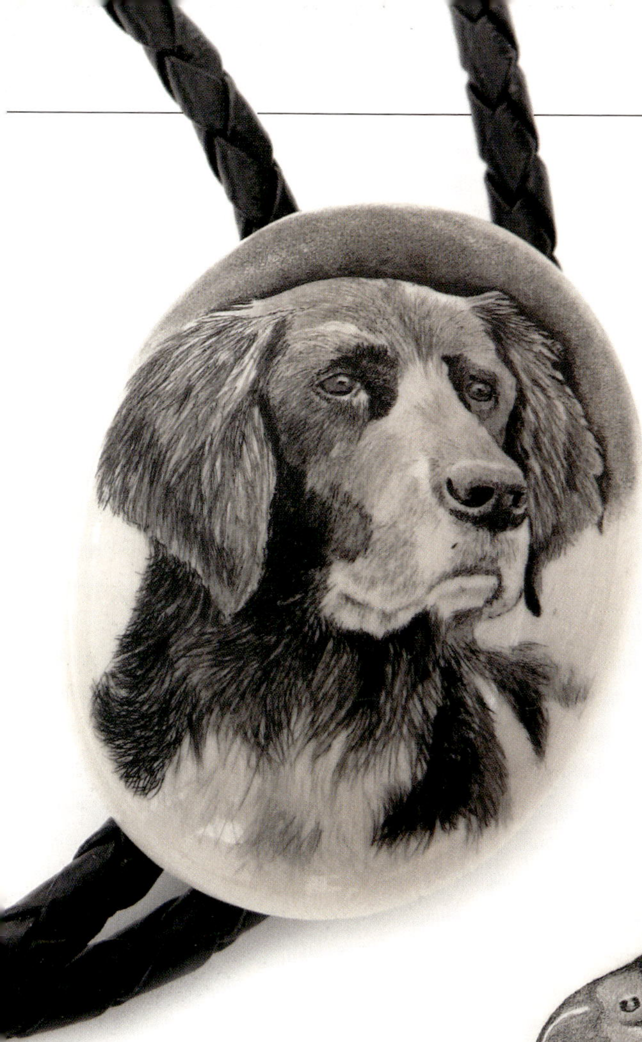

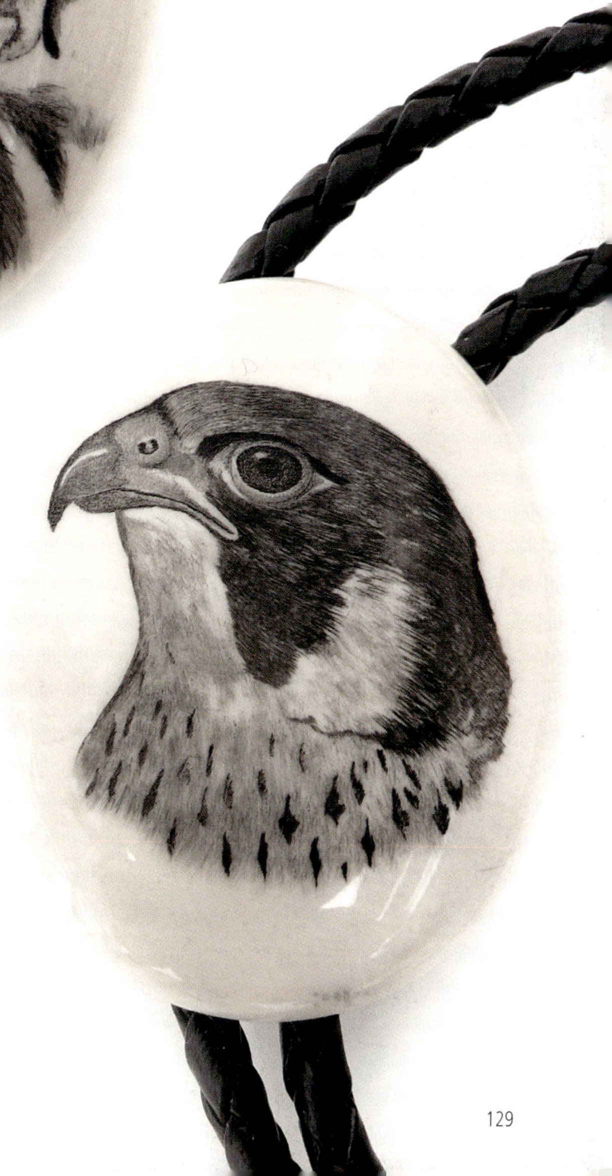

„Jagdhund" und „Falke"
(Anhänger, fossiles Mammut-elfenbein)
Oft haben Kunden ihre eigene Vorstellung von einer Scrimshaw-Gravur, die dann zum Beispiel auf einen Anhänger graviert wird.

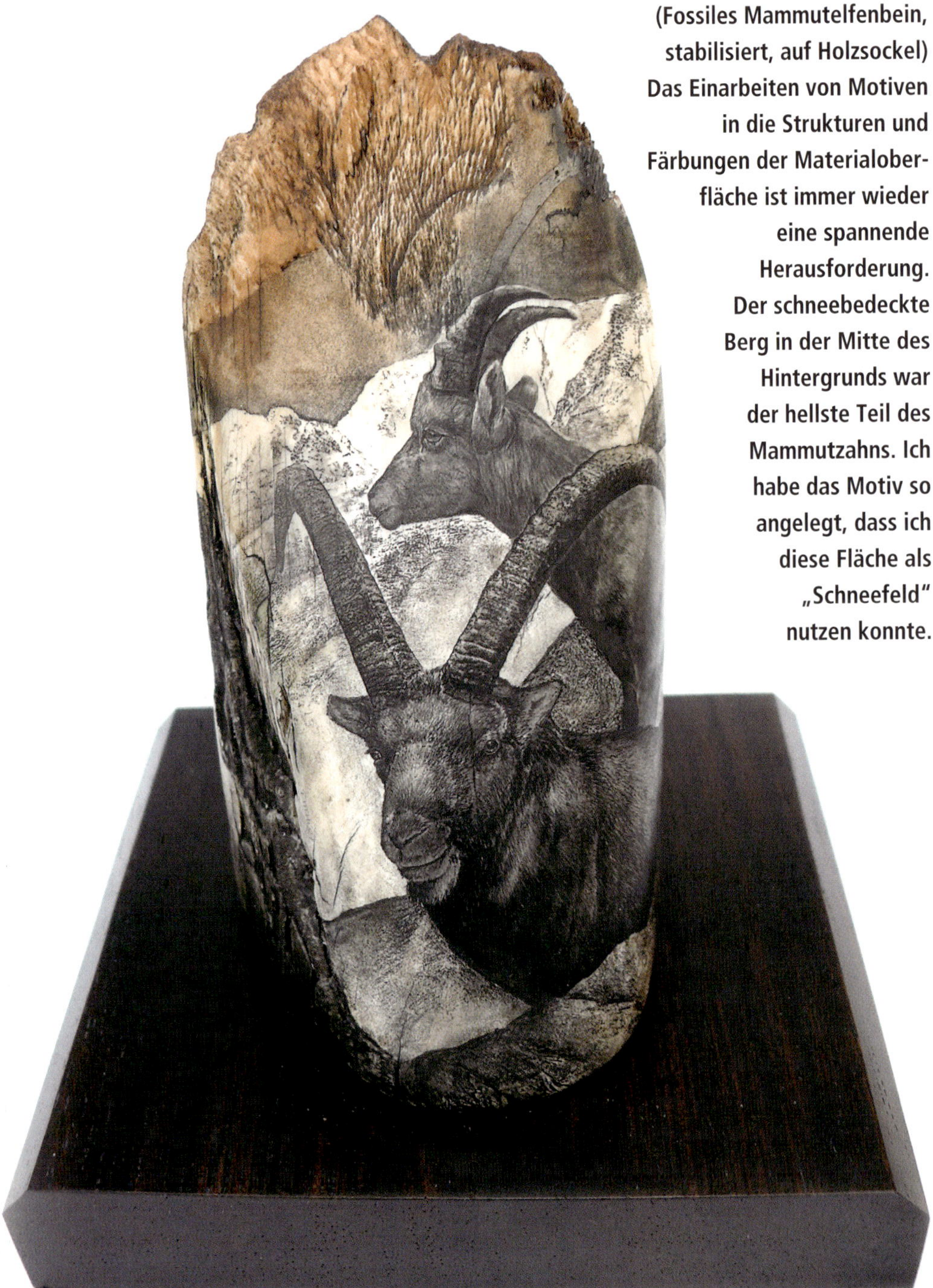

„Ibex"
(Fossiles Mammutelfenbein, stabilisiert, auf Holzsockel)
Das Einarbeiten von Motiven in die Strukturen und Färbungen der Materialoberfläche ist immer wieder eine spannende Herausforderung. Der schneebedeckte Berg in der Mitte des Hintergrunds war der hellste Teil des Mammutzahns. Ich habe das Motiv so angelegt, dass ich diese Fläche als „Schneefeld" nutzen konnte.

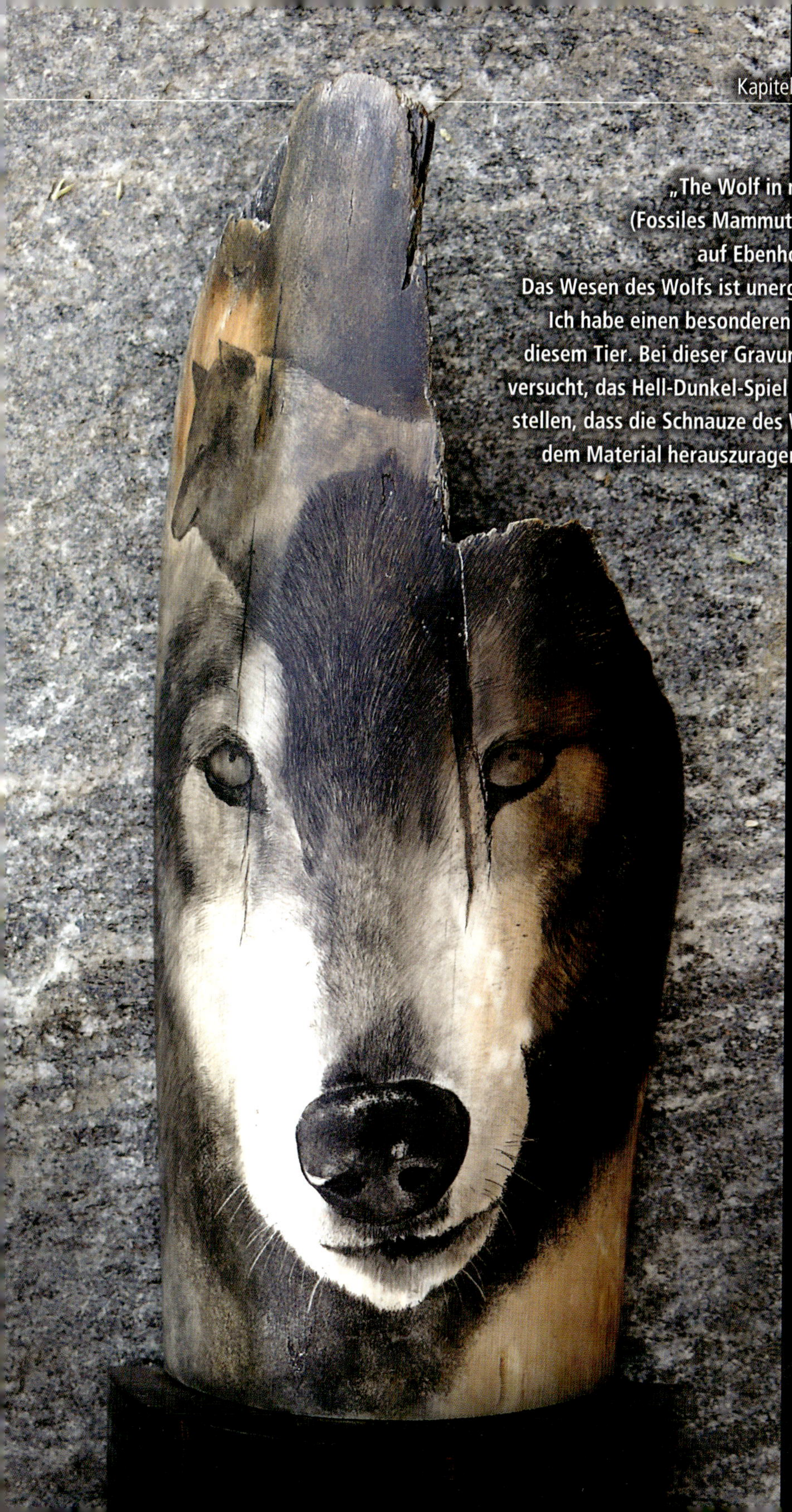

„The Wolf in my Mind"
(Fossiles Mammutelfenbein
auf Ebenholzsockel)
Das Wesen des Wolfs ist unergründlich. Ich habe einen besonderen Bezug zu diesem Tier. Bei dieser Gravur habe ich versucht, das Hell-Dunkel-Spiel so darzustellen, dass die Schnauze des Wolfs aus dem Material herauszuragen scheint.

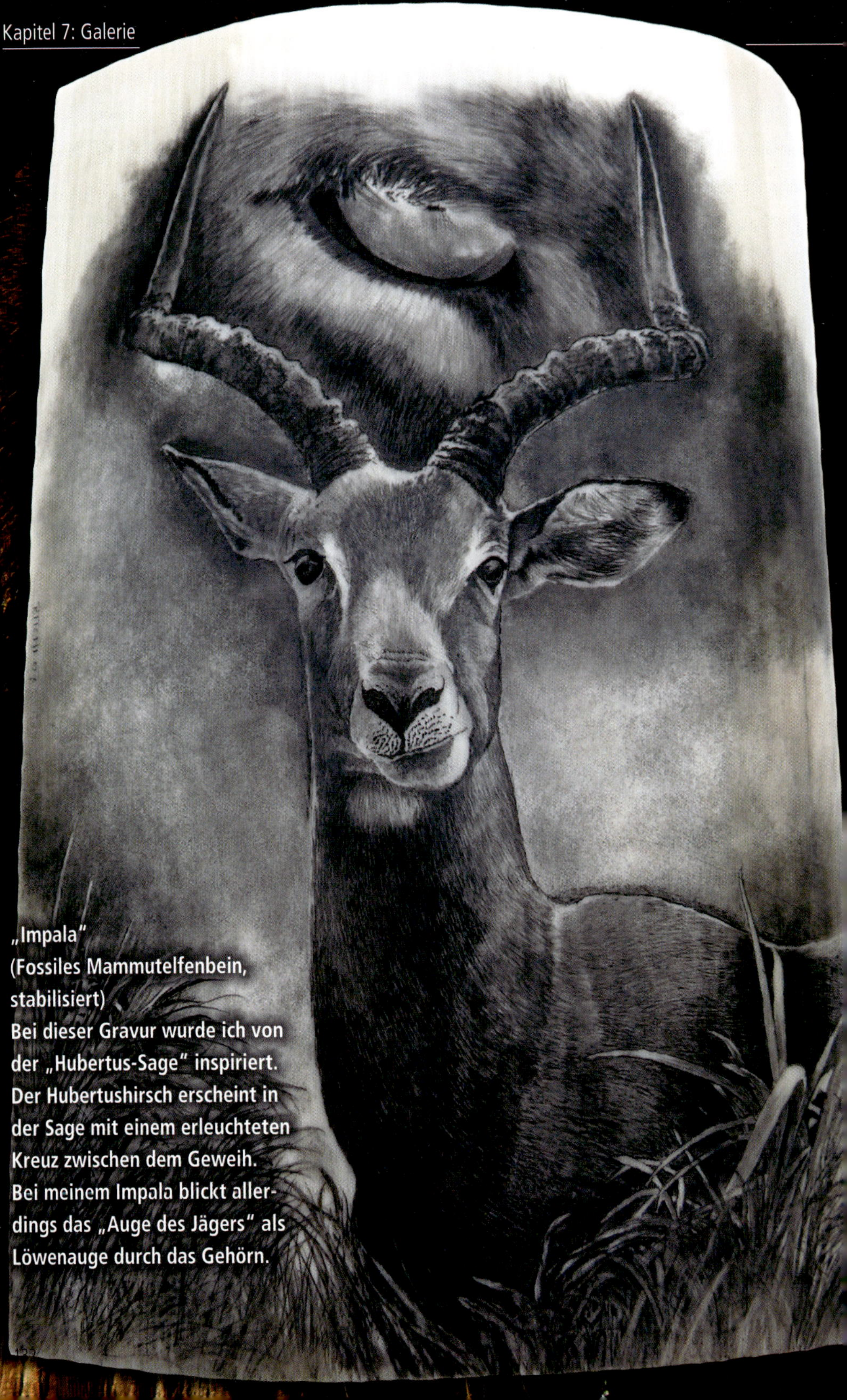

„Impala“
(Fossiles Mammutelfenbein, stabilisiert)
Bei dieser Gravur wurde ich von der „Hubertus-Sage“ inspiriert. Der Hubertushirsch erscheint in der Sage mit einem erleuchteten Kreuz zwischen dem Geweih. Bei meinem Impala blickt allerdings das „Auge des Jägers“ als Löwenauge durch das Gehörn.

„Falcon"
(Fossiles Mammutelfenbein auf Ebenholzsockel)
Die verwitterte Zahnspitze eines Mammutzahns gab mir die Idee für einen Falken. Die helleren Bereiche in der Zahnmitte nutzte ich zur natürlichen Farbgebung der Falkenfedern. Ich verwendete die bräunlichen Farbflecken im Hintergrund des Falken, um dunkle Wolkenstrukturen im Hintergrund darzustellen.

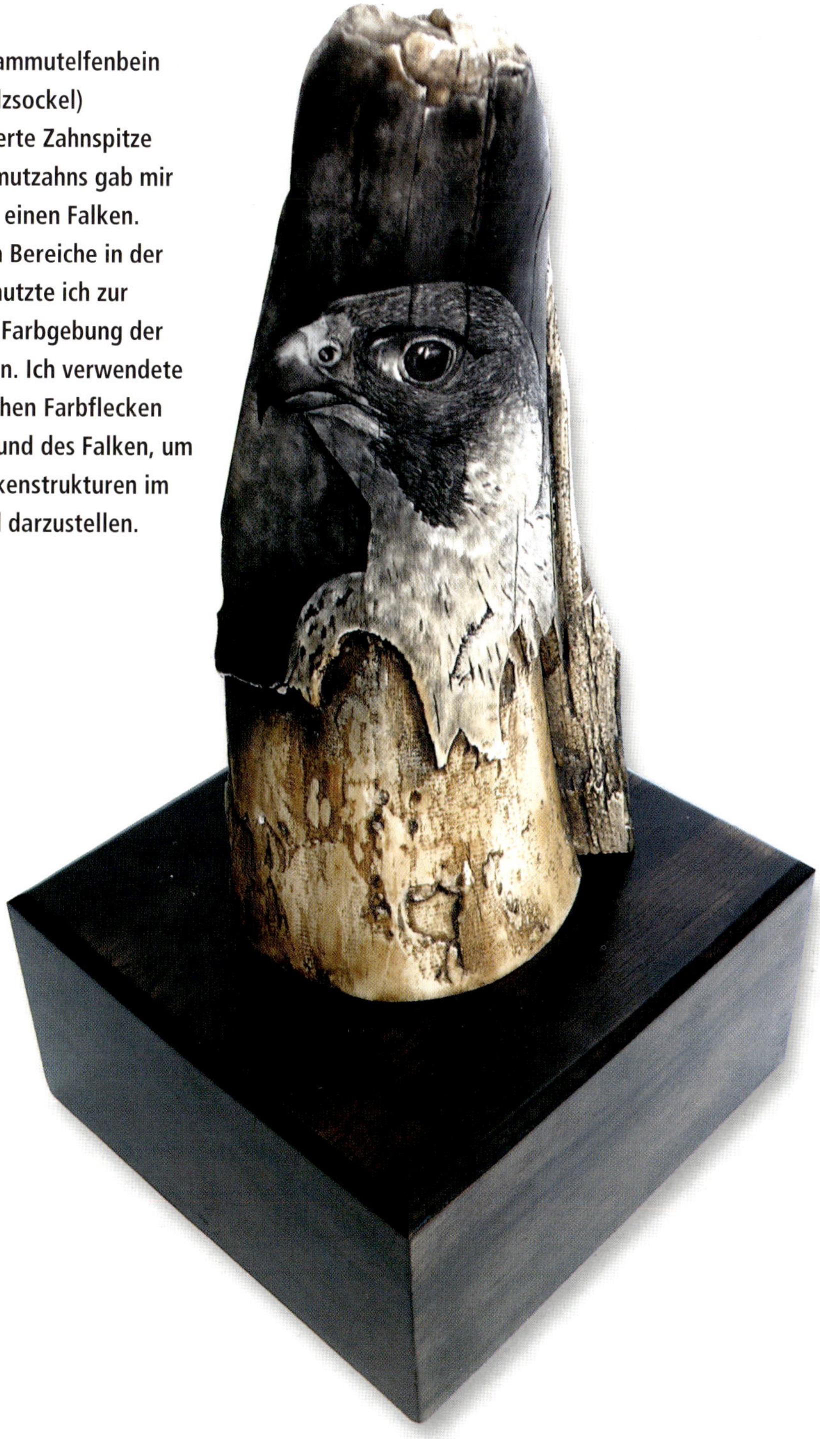

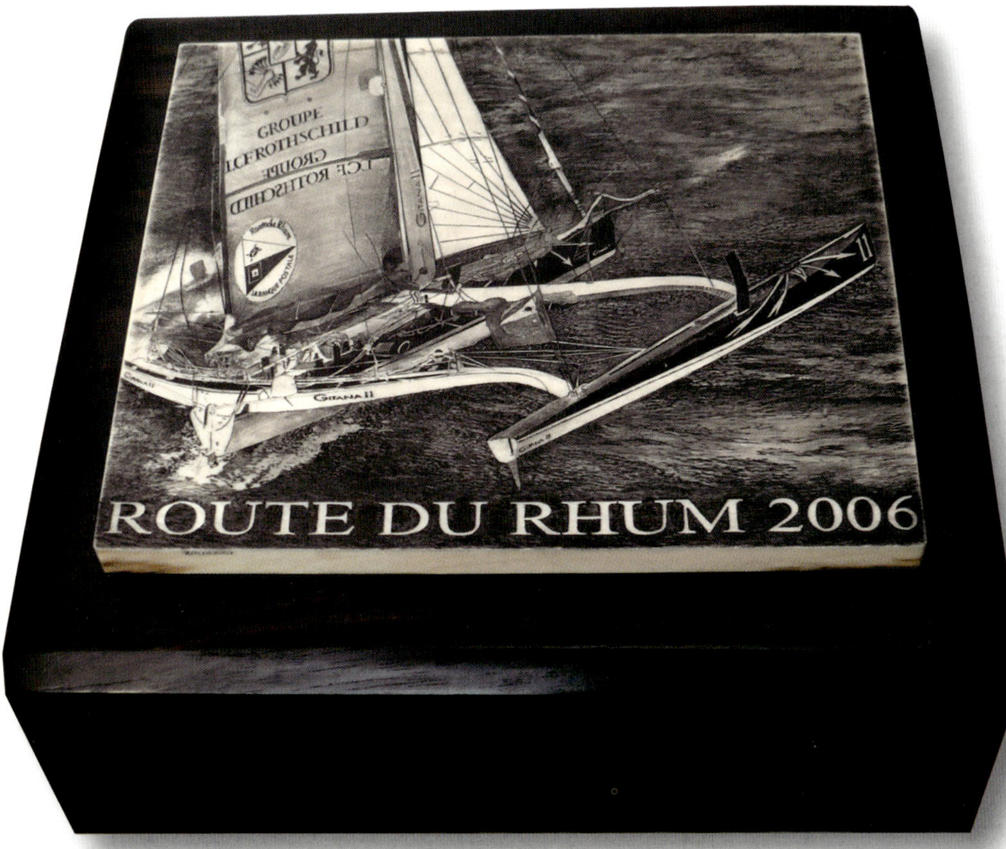

„Racing Yacht"
(Fossiles Mammutelfenbein, stabilisiert, auf Ebenholzsockel)
Gravuren, die ein Segelschiff mit Takelage und bewegten Wellen zum Thema haben, sind eine ganz besondere technische Herausforderung. Sehr präzises Arbeiten schon beim Entwurf und dem Vorzeichnen waren bei dieser Gravur eine Voraussetzung. Das Ausarbeiten der feinen Schriften unter Berücksichtigung der Wölbungen erfordert ein gutes räumliches Vorstellungsvermögen.

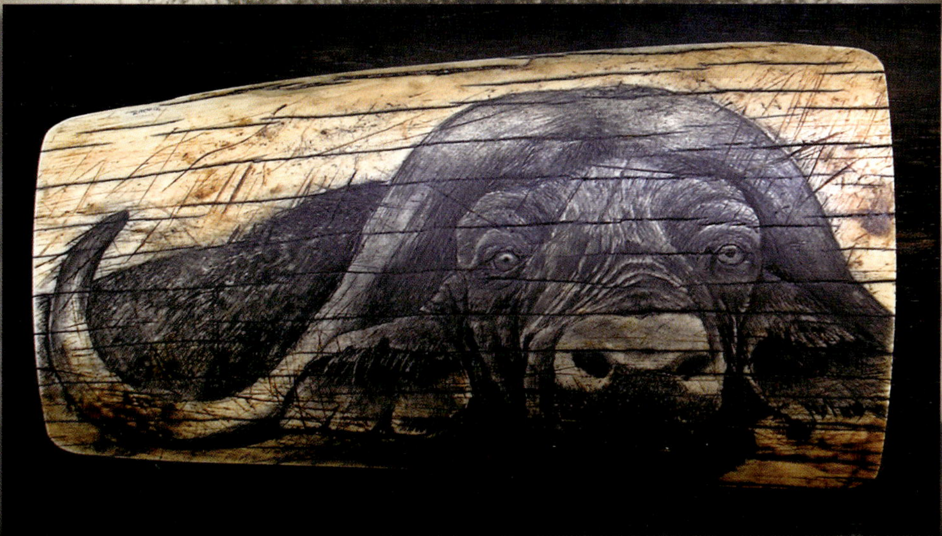

„Cape Buffalo“ (Fossiles Mammutelfenbein auf Ebenholzsockel)
Afrikanische Tiere und vor allem die „Big 5“ sind ein wiederkehrendes Thema meiner Scrimshaw-Gravuren. Die „Big 5“ sind Elefant, Büffel, Nashorn, Löwe und Leopard.

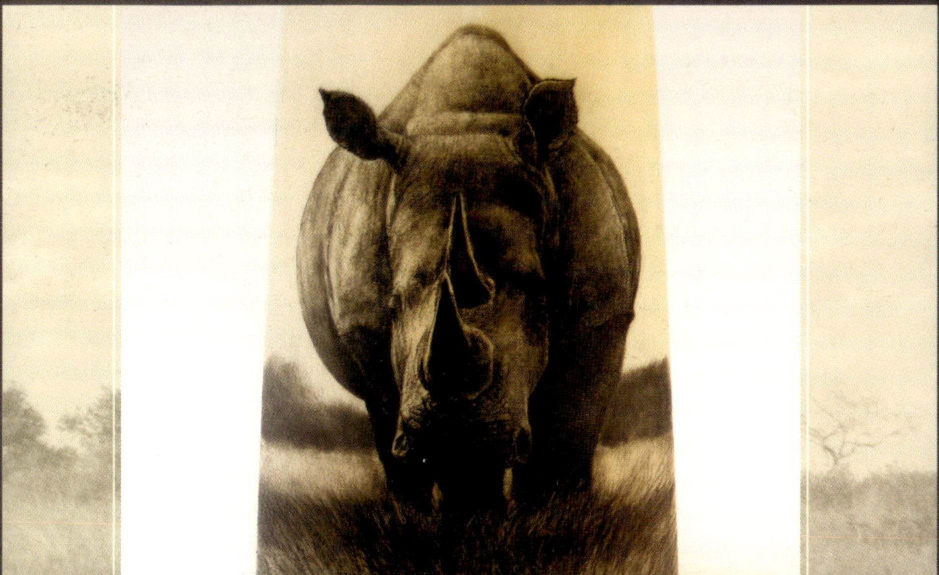

„Rhino“ (Fossiles Mammutelfenbein auf Ebenholzsockel)
Ein Tier aus der „Froschperspektive“ darzustellen, erzeugt immer eine zusätzliche Spannung im Motiv. Gerade bei einem Nashorn bekommt der Betrachter so den Eindruck, direkt vor dem Tier im Gras zu liegen.

ANHANG

8.1 Bücher über Scrimshaw

- Modernes Scrimshaw (Eva Halat)
- Scrimshaw Techniques (Jim Stevens)
- Advanced Scrimshaw Techniques (Jim Stevens)
- Scrimshaw: A Complete Illustrated Manual (Steve Paszkiewicz und Roger Schroeder)
- Learning How to Scrimshaw (Ron Newton)
- A Treasury of American Scrimshaw: A Collection of the Useful and Decorative (Michael McManus)
- How to Scrimshaw and Carve Ivory (Blackie Collins und Michael Collins)
- Scrimshaw: The Whaler‘s Legacy (Martha Lawrence)
- Scrimshaw - Little craft book series (Carson I. A. Ritchie)
- Nautical Illustrations: 681 Permission-Free Illustrations from Nineteenth-Century Sources - Dover Pictorial Archive Series (Jim Harter)
- Ready-to-Use Old-Fashioned Nautical Illustrations - Dover Clip-Art Series (Carol Belanger Grafton)
- The Second Scrimshaw Connection (Bob Engnath)

8.2 Interessante Webseiten zum Thema Scrimshaw

www.evahalat-scrimshaw.com
www.scrimshaw-grundel.de/tutorial_1.htm
www.hassel-edle-messer.de
www.scrimshaw-art.de
www.scrimshander.com
www.scrimshaw-art-creation.eu
www.boonetrading.com
www.scrimshawgallery.com
www.marinearts.com
www.loriristinen.com
www.scrimshawstudio.com
www.kowakivory.com
www.hopscrimshaw.com
www.antiquescrimshaw.com
www.scrimshawcollector.com
www.treeoflifeartworks.com
www.thesmithsshop.com
www.osofamoso.com
www.wearablebears.com
www.scrimshawartist.com
www.scrimsmith.com
www.carolinacustomscrimshaw.com
www.timbeersscrimshaw.com
www.michaelcohenscrimshaw.com
www.ivorybuyer.com/museum1.htm
www.scrimshanders.com
www.elephantivorytusks.com/info.html

www.warther.org
www.scrimbygarbo.com
www.scrimart.u.se
www.johnrinaldinautical.com
www.hopscrimshaw.com/about/scrimhistory.htm
www.watermarkproducts.com
www.deutsche-messermacher-gilde.de
www.mammutwerkstatt.de
www.whalingmuseum.org
www.wale.info/Wale

8.3 Zeichenkurse

Wildlife Art Rudi Kohl
Heideweg 4
59457 Werl
Tel. 02922 82840
u.r.kohl@t-online.de
www.wildlife-art-rudi-kohl.de
(Zeichenkurse auf Anfrage)

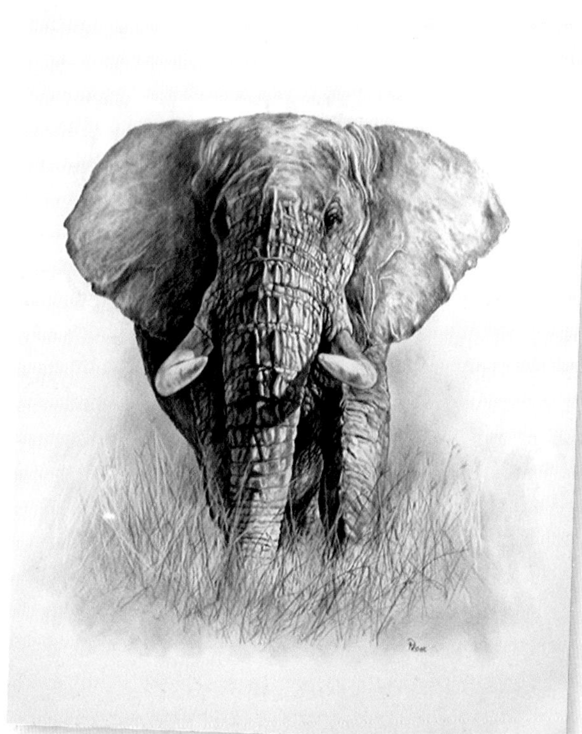

8.4 Museen mit Scrimshaw-Exponaten

- Deutsches Schifffahrtsmuseum
  Hans-Scharoun-Platz 1, 27568 Bremerhaven
  Tel. 0471-482070, Fax 0471-4820755
  www.dsm.museum, info@dsm.museum

- Deutsches Meeresmuseum
  Katharinenberg 14-20, 18439 Stralsund
  Tel. 03831-2650210, Fax 03831-2650209
  www.meeresmuseum.de, info@meeresmuseum.de

- Mammutheum
  Dr. Liegl Straße 35, 83313 Scharam / Alzing
  Tel. 08662-12120, Fax 08662-2983
  www.mammutheum.de, info@mammutheum.de

- Mammutmuseum Schweiz
  Im Mitteldorf 1, Postfach 80, CH-8166 Niederweningen
  www.mammutmuseum.ch, info@mammutmuseum.ch

- Commander Christen Christensens Walfangmuseum
  Museumsgaten 39, N-3210 Sandefjord, Norwegen
  Tel. +47-33-484650, Fax +47-33-463784
  www.hvalfangstmuseet.no, museene@sandefjord.kommune.no

- New Bedford Whaling Museum
  18 Johnny Cake Hill , New Bedford, MA, USA
  Tel. +1-508-9970046, Fax +1-508-9970018
  www.whalingmuseum.org, frontdesk@whalingmuseum.org

- Sag Harbor Whaling Museum
  200 Main Street, Sag Harbor, NY 11963, USA
  Tel. +1-631-7250770, Fax +1-631-7255638
  www.sagharborwhalingmuseum.org

8.5 Bezugsquellen Materialien

- **Jürgen Schott, Elfenbein und Mammut, Großhandel**
  Bleichstr. 9, 64711 Erbach
  Tel. 06062-3849, Fax 06062-7326
  www.mammutwerkstatt.de, info@mammutwerkstatt.de

  Große Auswahl an Mammutelfenbein und Materialien für Scrimshaw-Gravuren. Die Firma Schott bietet auch Schmuck aus Mammutelfenbein an, der sich wunderbar für die Scrimshaw-Gravur eignet.

- **DICK GmbH - Feine Werkzeuge**
  Donaustr. 51, 94526 Metten
  Tel. 0991-91090, Fax 0991-910952
  www.dick.biz

  Die Firma Dick bietet unter anderem eine interessante Auswahl an Horn, Knochen und Zahnmaterialien.

- **Heidekorb / NaDeco**
  Nils Steinbuß, Kohlenbissen 33, 29633 Munster
  Tel. 05192-982973, Fax 05192-987131, Mobil 0173 -2033400
  www.heidekorb.de, info@Heidekorb.de

  Hier findet man unter anderem verschiedene Hornmaterialien.

- **Ox-Gallstone GmbH**
  Von-Guericke-Allee 6, 53125 Bonn
  Tel. 0228-2436057, Fax: 0228-2436058
  www.oxgall.eu, info@oxgall.eu

  Auswahl an Mammutelfenbein und verschiedenen Knochen- und Zahnmaterialien.

8.6 Bezugsquellen Werkzeuge und Arbeitsmittel

- **ES GmbH**
  Daniel-Fahrenheit-Straße 12, 48291 Telgte
  Tel. 02504-9229045, Fax 02504-9229047
  www.es-spareparts.de, info@es-spareparts.de

  Bestens sortiertes und umfangreiches Angebot rund um das Gravurhandwerk. Sehr empfehlenswert sind die höhenverstellbaren Arbeitstische und Arbeitslampen.

- **DICK GmbH - Feine Werkzeuge**
  Donaustr. 51, 94526 Metten
  Tel. 0991-91090, Fax 0991-910952
  www.dick.biz, info@dick.biz

  Zu finden sind unter anderem Handstichel, Stichelhefte und Nadeln.

- **Karl Fischer GmbH Goldschmiedebedarf**
  Berliner Str. 18, 75172 Pforzheim
  Tel. 07231-31031, Fax 07231-310300
  www.goldschmiedebedarf.de, info@fischer-pforzheim.de

  Sehr umfangreiche Website für Goldschmiede und Graveure. Unter anderem im Programm: eine große Auswahl an Handsticheln, Stichelheften, Nadeln und Fräsern.

- **Steigerwald Messerwerkstatt**
  Schwander Str. 12a, 90530 Wendelstein-Großschwarzenlohe
  Tel. 09129-402151 • Fax 09129-402152
  www.steigerwald-messer.de, info@steigerwald-messer.de

  Stefan Steigerwald bietet im Onlineshop ein empfehlenswertes Scrimshaw-Einsteigerset an.

- **Matthias Hassel**
  An den Ellern 18, 06369 Weisandt-Gölzau
  Tel 034978-30626
  www.hassel-edle-messer.de, canisaureolis@aol.com

  Matthias Hassel, selbst Scrimshaw-Graveur und Messermacher, bietet handgefertigte Scrimshaw-Nadeln in Top-Qualität an.

- **Paul Peter Schula GmbH Großhandel für Goldschmiedebedarf**
  Burgkoppel 5, 23566 Lübeck
  Tel. 0451-6000999, Fax 0451-601069
  www.schula.de, info@schula.de

  Man findet auf der Website unter anderem Handstichel, Gravierkugeln, Nadeln und andere Werkzeuge für die Scrimshaw-Gravur.

- **Wolf Borger**
  Benzstraße 8, 76676 Graben-Neudorf
  Tel. 07255-72303, Fax 07255-72304
  www.wolf-borger-messer.de, wolf@messerschmied.de
  Große Auswahl an Schleif- und Poliermitteln sowie Materialien.

- **Boesner Versandservice GmbH**
  Gleiwitzer Str. 2, 58454 Witten
  Tel. 02302-910660, Fax 02302-9106632
  www.boesner.com, kontakt@boesner.com

  Hier findet man professionelle Künstlermaterialien in riesiger Auswahl. Von Bleistiften über Tuschen und Deckweiß bis hin zu Nadeln, Sticheln und mehr. Die Firma Boesner hat Niederlassungen in ganz Deutschland.

- **Carl Zeiss MicroImaging GmbH**
  Carl-Zeiss-Promenade 10, 07745 Jena
  Tel. 03641-640, Fax 03641-642856
  www.zeiss.de/mikro, micro@zeiss.de

  Hervorragende Mikroskope und Zubehör.